I0118409

L'OBSERVATEUR

IMPARTIAL

Aux armées de la Moselle, des Ardennes, de Sambre et Meuse, et de Rhin-Moselle,

Depuis la fin de 1792, jusques et compris le premier trimestre de l'an 5 de la République (fin de 1796);

PAR

P. C. LE COMTE,

Conducteur général de l'Artillerie de l'Armée de Rhin-Moselle.

———

A PARIS,

Chez ONFROY, Libraire, rue Saint-Victor, n.º 3;

A STRASBOURG,

Chez TREUTTEL et Compagnie, grande rue.

———

L'AN V. — M. DCC. XCVII.

AVIS.

ÊTRE vrai en racontant ce que l'on a vu, être impartial dans le récit des faits, c'est toujours un crime aux yeux de l'homme intéressé à cacher la vérité.

Cette résolution serait hardie, surtout pour quelqu'un que les circonstances ont obligé à servir : il pourrait craindre les passions humaines souvent inséparables de l'homme, supporter même le poids de quelques vengeances, s'il ne connaissait pas la grande majorité de ses chefs, qui est saine, juste et éclairée. Cependant, sous un gouvernement libre les hommes qui veulent être en place, doivent croire qu'ils sont exposés à la censure publique, et que leur gloire dépend d'eux-mêmes.

Persuadé que la vérité plaît aux hommes sages, l'Auteur de ce petit ouvrage n'est entré dans aucune considération particulière ; il s'est attaché à raconter ce qu'il a vu, ce qu'il a pu savoir de juste et positif. Il n'a pas cherché à briller par le style, à noyer dans des phrases éloquentes ce qu'il voulait dire en peu de mots.

Rappeler aux Français les exploits éton-nants de leurs compatriotes, mettre sous les yeux du public la conduite des chefs qui les ont guidés dans la carrière de l'honneur, mériter enfin le suffrage des gens de bien et la haine des méchants : tels sont ses vœux.

———

L'OBSERVATEUR

IMPARTIAL

Aux Armées de *la Moselle*, des *Ardennes*, de *Sambre-Meuse* et de *Rhin-Moselle*.

Si, en révolution, le récit historique des événements politiques intéresse les humains, on verra sans doute avec plaisir le détail de quelques observations faites aux armées, pendant quatre ans. L'impartialité avec laquelle on traitera cette partie, donnera une idée des opérations militaires et du caractère de quelques hommes. On y verra aussi quelques particularités; mais, comme les petites choses tiennent aux grandes, on ne peut s'empêcher d'entrer dans des détails, afin d'arriver au but qu'on s'est proposé. Peut-être que plusieurs personnages se reconnaîtront : qu'importe ? Si la persuasion dans laquelle ils seront qu'on les connaît pouvait les faire changer, la chose publique ne pourrait qu'y gagner : car le sort de la France dépend du caractère des Français, de leur loyauté et de leur conduite.

Je diviserai cet ouvrage en quatre parties: chaque année formera un tableau, contenant le fruit de mes observations.

A

ANNÉE 1793.

L'affaire du 10 août 1792 donna une commo-
tion à toute la France : les uns, trompés et aban-
donnés par la cour, se prononçaient hautement
contre la royauté ; d'autres gémissaient en secret : une autre classe d'hommes dévorés par
l'ambition, profitait de la circonstance pour se
populariser, et, sous une autre dénomination,
se saisir des rênes du gouvernement. Dans un
tel état de choses, le Français sage et sans pré-
tentions, se trouvait dans une cruelle alterna-
tive : parlait-il en faveur de la royauté ? il était
regardé comme un ennemi du peuple : mani-
festait-il une opinion pour la révolution ? on le
soupçonnait agent d'une faction , intrigant et
ennemi de l'ordre social. Alors un grand nombre d'hommes, craignant de se trouver victimes de tel ou tel parti , prenait la forte résolution de quitter ses foyers, d'abandonner femme
et enfants, pour vivre paisiblement au sein des
armées. Cette mesure était extrême, cependant
elle était préférable à celle de s'expatrier, et de
se joindre aux ennemis nombreux de son pays :
on était du moins sûr de se trouver au milieu de
ses concitoyens armés pour défendre la patrie, et
d'abandonner une foule d'intrigants qui ne cherchaient qu'à la détruire, en s'attachant à un
parti quelconque.

Au mois de novembre 1792, on me proposa une place dans l'artillerie à l'armée de la Moselle : on me présenta les avantages de cette place; on me fit observer qu'elle était d'autant plus agréable, que, dépendante du gouvernement seul, on n'était point exposé aux caprices d'un entrepreneur ou de ses agents. En effet, ces places sont agréables quand on a le bonheur de tomber sous les ordres d'officiers instruits, et justes, auxquels on est nécessairement subordonné pour le service. Comme j'aurai occasion de revenir sur cet article, je passe de suite au moment de mon départ pour l'armée.

Suivant l'ordre du ministre de la guerre je me rendis à Metz, où j'arrivai dans les commencements de décembre 1792. Là, je m'adressai au directeur des arsenaux, qui me fit rester provisoirement dans cette ville pour y faire le service de la place. Si de suite j'eusse joint l'armée qui bivaquait sous la *Montagne verte* près de Trèves, j'aurais partagé le sort malheureux de mes camarades d'armes; j'aurais vu, comme eux, la perte énorme que fit la république en hommes et en chevaux, par la rigueur de la saison, sans espoir d'aucun fruit pour la chose publique. L'ennemi était formidablement retranché sur cette montagne hérissée de canons: les chemins étant couverts de glaces et de neige, le pays montagneux, il était impossible de la tourner, et on laissait constamment périr une armée; de froid et de misère.

Cependant, vers la fin de décembre, l'armée quitta ses positions, et fut cantonnée dans les communes frontières de France : l'hiver se passa tranquillement. Ce qui fixait principalement l'attention des soldats-citoyens et des citoyens-soldats, c'était le procès de leur roi : le gouvernement était républicain, mais beaucoup de Français étaient encore monarchistes.

A la fin de décembre, la plus grande partie de l'artillerie rentra à Metz, où elle passa l'hiver.

La campagne s'ouvrit dans le mois d'avril 1793. Le grand parc d'artillerie se rendit à Sarre-Louis; mais bientôt on reçut l'ordre de le transporter au camp, près de Forback.

Ce camp était un camp de plaisance, dans lequel on réunissait tous les plaisirs. L'armée de la Moselle fut divisée en deux parties : on avait formé à Horneback un camp connu sous le nom de *Corps des Vosges*. L'autre partie composait le camp de Forback, où était le grand quartier général. Houchard, général en chef, commandait toute l'armée qui resta plus de trois mois sans faire de mouvements; ce qui fit dire à certains journalistes que l'armée de la Moselle était *l'armée de l'arme au bras*. Cependant, vers le commencement de juin, on fit faire une petite promenade à une division, accompagnée de quelques pièces d'artillerie : on partit le soir, on passa la Sarre dans le plus grand silence, et on publiait qu'à la pointe du jour on devait se battre : mais combien fut-on étonné quand on reçut ordre de retourner au camp sans avoir vu l'ennemi ! En effet, on rétrograda, et on resta dans la même position d'où on était sorti vingt-quatre heures auparavant.

Le sort des Républiques dépend du caractère des hommes qui les composent : en France, chacun se dit républicain, et peu d'hommes en ont les mœurs et les principes : l'égoïsme, l'ambition, les vengeances, en un mot l'esprit de parti et de domination, sont l'apanage de la grande majorité des Français ; et ceux qui sont un peu instruits, se croient tous capables de remplir les premières places.

Les hommes qui composaient le grand parc d'artillerie de l'armée de la Moselle n'étaient pas sans connaissances militaires, mais différaient beaucoup d'opinions et de sentiments. Les uns regrettaient leur roi, les autres s'applaudissaient de servir la cause de la liberté : une classe *de modérés* était sur l'équilibre, et ne savait de quel côté pencher. On savait aux armées l'esprit de parti qui existait dans le sein de la convention nationale ; et chacun, pour son compte, attendait le dénouement. Le 31 mai 1793 arriva : *la montagne* écrasa *le marais ;* et tout le monde devint patriote....Si on examinait attentivement

les figures de toutes les personnes avec lesquelles on vivait, on voyait les vrais amis de la
liberté qui manifestaient hautement leur joie,
et les autres semblaient vouloir les imiter ;
mais, comme les yeux de l'homme sont ordinai-
rement le miroir de l'ame, on ne s'y trompait
pas. En effet, celui qui était bourru, dur,
devenait doux, honnête, et ne dédaignait plus
ses subordonnés. L'homme tiré du corps des
sergents, qui devait son grade de capitaine à
la révolution, et qui peu de temps avant me
disait *qu'il suivait la loi du plus fort,* était de-
venu un patriote par excellence.... Un autre,
qui jouissait d'une fortune honnête que lui avait
donnée une femme, dont les parents avaient eu
l'honneur de servir le cardinal de Montmorency,
feignait de ne pas regretter l'ancien régime,
était enragé démocrate, avait correspondance
avec des jacobins de la société de Metz, et me-
naçait tous ceux qui osaient le contrarier dans
ses opinions.

Employé subalterne d'artillerie, je n'osais énon-
cer ma pensée sans courir le danger de passer
pour *savant* aux yeux de quelques hommes qui
ne savaient pas lire, de m'exposer à leur inimitié,
d'être puni arbitrairement, en un mot d'être la
victime de leur ignorance ; mais, comme je ne
veux pas fixer l'attention du public sur ce qui me
regarde personnellement, je passe de suite au
sujet qui m'occupe.

Le règne de la terreur prenait naissance ; chacun se regardait et se craignait. Un nommé M.** fils d'un officier municipal de Metz, arriva au camp de Forback : après s'être présenté aux chefs, il déclara qu'il était le plus ancien des conducteurs d'artillerie, qu'il devait avoir le premier rang, et se vanta d'avoir quitté l'armée du Nord sans ordre, pour venir dénoncer ses chefs à Metz. Dans toute autre circonstance, les chefs de l'artillerie de l'armée de la Moselle auraient fait arrêter M.**, et conduire à son armée ; mais au règne de la terreur, le fils d'un municipal était un homme important : quelques chefs d'artillerie se trouvèrent très-heureux de l'avoir pour protecteur. Il resta *par ordre* à l'armée de la Moselle, et prit le premier rang des conducteurs d'artillerie.

A cette époque (mois de mai 1793) les ennemis menaçaient Longwi : l'armée de la Moselle envoya des forces avec une division d'artillerie. M.** s'étant constitué le plus ancien des conducteurs, se trouva le premier à marcher à l'ennemi, et il partit. Quelques partisans de ses opinions le plaignaient ; on craignait pour ses jours ; et si on avait pu, on l'aurait, à ce moment, placé le dernier des employés ; mais, comme on ne transige pas avec les tours de service à l'ennemi, le patriote M.** partit. L'ennemi fut attaqué au-dessus de Longwi, près d'Arlon : la bataille fut sanglante : les deux partis perdirent beaucoup

de monde : les carabiniers français souffrirent considérablement, mais le champ de bataille resta
aux Républicains commandés par le général *de
Laage*. Les Autrichiens ayant perdu la bataille
se retirèrent dans Luxembourg ; et la division
de l'armée française rentra au camp de Forback.
M.** sain et sauf rentra de même : tous ses
amis enchantés de le revoir, l'embrassèrent tendrement.

Au mois de juillet, près de vingt mille hommes avec peu de vivres et une grande quantité
d'artillerie, étaient bloqués dans Mayence : l'armée de la Moselle aux ordres d'Houchard, forma
le projet d'aller délivrer ses frères d'armes; elle
se mit en marche, et alla sur les hauteurs de
Kusell à quinze lieues de Forback. Le général en
chef établit son quartier général à Kusell : il eut
grand soin de s'attirer la bienveillance des habitants, plaça des sentinelles chez les plus riches
marchands, et, comme ont fait quelques-uns
de nos généraux, leur défendit de vendre *en
assignats*.... On resta quelques jours dans cette
position, et tout-à-coup à onze heures du soir
l'armée reçut ordre de battre en retraite dans le
plus grand silence: quarante mille Prussiens, disait-
on, la suivaient à grands pas: il n'y en avait pas le
quart; néanmoins elle rétrograda promptement,
et fit en trois jours le chemin qu'elle avait fait en
quinze: car lorsqu'elle était partie de Forback pour
aller secourir la garnison de Mayence, elle avait

fait quinze lieues en quatorze jours..... Le corps
de l'armée et le parc d'artillerie rétrogradèrent
jusqu'à Sarrebruck ; et l'avant-garde resta sur la
rive droite de la Sarre. La garnison de Mayence
n'ayant plus d'espoir de secours, se rendit aux
Prussiens le 23 juillet 1793. Le général ennemi
accorda aux Français les honneurs de la guerre,
et ils furent faits prisonniers sur parole. Le premier soin des généraux fut de se fortifier sur
la rive gauche, et de se mettre dans un état de
défense respectable : on établit sur cette rivière un
pont de pontons où je fus placé pour la surveillance de l'équipage, sous les ordres du respectable capitaine (Hyemes). Le Corps des Vosges était
toujours à Horneback ; enfin toute l'armée resta
près de trois mois de la plus belle saison sans
faire un mouvement.

A cette époque l'armée du Nord éprouvait
de grands revers : quatre de nos places (*Valenciennes, Condé, Landrecies, le Quesnoy*) étaient
au pouvoir de l'ennemi : Maubeuge était bloquée ; et on fit partir de l'armée de la Moselle
quinze mille hommes des meilleures troupes
pour secourir l'armée du Nord. *Houchard* les
suivit. Schauwembourg lui succéda dans le
commandement de l'armée de la Moselle. Houchard en arrivant à l'armée du Nord se distin-
gua par la bataille d'Honscoote (8 septembre
1793) où l'ennemi perdit beaucoup. Le 9, par
suite de cette affaire, le blocus de *Dunkerque* et

de *Bergues* fut levé par les Anglais qui se sauvèrent précipitamment, ayant à leur tête le duc d'Yorck. Néanmoins Houchard n'emporta pas les regrets de l'armée de la Moselle : sa figure barbative, son ton dur et soldatesque, sa marche lente sur Mayence, tout contribuait à ne pas le faire aimer. Schauwembourg, au contraire, était bel homme, avait de grands talents militaires, était affable, et commandait l'infanterie à Forback, avec autant de sagesse que d'amabilité; en un mot, il s'était attiré l'estime et l'amitié du soldat, qui avait du plaisir à être commandé par lui.

Le 14 septembre, les Représentants du peuple près les armées (*Montaut*, *Soubrani* et *Richaud*) proposèrent au général qui commandait le Corps-des-Vosges, d'attaquer l'ennemi. Il observa qu'il n'était pas en force suffisante; mais *Soubrani* insista tellement, que le général fut obligé d'obéir. Le corps d'armée se mit en bataille : les Représentants passèrent dans les rangs, et demandèrent aux soldats *s'ils étaient de l'avis de chasser les esclaves des tyrans*. Les troupes, qui depuis trois mois étaient dans l'inaction, et qui brûlaient du desir de se mesurer avec l'ennemi, s'écrièrent avec enthousiasme, oui! oui!... On ne consulta plus le général, et on marcha à l'ennemi. N'ayant pas été témoin oculaire de l'affaire, je n'en donnerai pas les détails; mais je puis assurer que les Français furent battus complettement, et obligés de rentrer précipitamment dans leur camp d'Horneback, laissant beaucoup de prisonniers, après une perte de vingt-une pièces de canons, d'une grande quantité de caissons, de chevaux, d'hommes, etc. Le désordre fut complet : un quart de l'armée se sauva jusqu'à Bitche, et rentra le lendemain au camp. Cette partie de l'armée de la Moselle ne put rester à Horneback ; elle se replia sur Sarreguemines, derrière la Sarre.

Les Prussiens, sachant que le Corps-des-Vosges s'était replié sur Sarreguemines, formèrent le projet de prendre le fort de Bitche. L'appareil d'un siége en règle leur paraissait inconvenable, et presque impossible. Ils crurent plus utile de se servir d'un traître qui leur promit de livrer le fort. En effet, un nommé *Lang,* garde d'artillerie au fort, avait correspondance avec les émigrés, principalement avec un ingénieur français qui se trouvait parmi les Prussiens, et qui connaissait parfaitement les issues et souterrains du fort de Bitche. Lang promit de livrer les clefs à la première occasion ; l'ingénieur s'engagea de conduire l'ennemi, et tout devait s'exécuter facilement. Lang était marié, avait plusieurs enfants. Sa femme était enceinte : il prit le prétexte de lui faire faire ses couches à la campagne : il la fit émigrer avec ses effets, avant de tenter l'exécution du projet. Le moment arriva : un dimanche à onze heures du

soir, le capitaine qui commandait l'artillerie
du fort, s'éveilla : il entendit beaucoup de bruit;
il se leva, et, s'étant présenté en chemise sur le
pont-levis, il aperçut l'ennemi qui s'était déja
introduit jusqu'au dernier escalier. Il cria aux
armes ; en un instant la garnison fut sur pied.
Les moyens de défense les plus prompts furent
employés. Les Prussiens étaient amoncelés dans
un des fossés du fort, au pied du dernier escalier : on tira sur eux à coups de fusil, et presque
à bout portant : on leur jeta des grenades qui
les assommaient : on employa même le bois de
chauffage pour le leur jeter sur le corps. Ils soutinrent l'assaut plus de deux heures : ils prirent
le parti de jeter par les créneaux les bûches de
bois qui les assaillaient ; mais leur résistance fut
vaine, le coup était manqué ; ils se retirèrent dans
la ville de Bitche, où ils pillèrent, et emmenè-
rent le maire et plusieurs habitants. Les Français firent cependant quatre-vingt prisonniers
dans le fort, qui ne purent se sauver, parmi
lesquels se trouva l'ingénieur, émigré français,
qui fut fusillé deux heures après : mais *Lang* fut
assez adroit pour s'échapper. Un fait qui m'a été
raconté par des personnes qui l'ont vu et qui
sont dignes de foi, mérite d'être rapporté. Un
jeune volontaire de faction sur un escalier,
près la grande porte du fort, voyant que les
Prussiens étaient si près de lui, se sauva : peu
de temps après, l'idée d'avoir quitté son poste

lui fait horreur ; il reprend ses sens, et le caractère national : il revient à pas lents ; il aperçoit près de sa guérite un Prussien ; il arme son fusil et le tue : rentré à son poste, il se met sur la défensive. Les Prussiens, qui avaient vu le poste occupé par un des leurs, s'approchaient sans crainte : notre petit volontaire, en moins d'une heure, en tua quatre qu'on trouva à la pointe du jour, près de sa guérite.

On assure que le roi de Prusse donna trois livres à chaque soldat qui s'était présenté pour cette expédition : il avoit ordonné que chacun des assiègeants eût au bras un mouchoir blanc. Le cardinal de Rohan, évêque de Strasbourg, était spectateur à cette affaire : quand il vit que le coup étoit manqué, il se sauva *noblement ;* et sa présence n'empêcha pas l'armée prussienne de perdre dans cette entreprise plus de cinq cents hommes.

Après l'affaire du 14 septembre, les Représentants du peuple s'aperçurent qu'ils avaient eu tort d'attaquer l'ennemi, malgré le vœu des généraux ; mais, comme les hommes en place ne veulent jamais avouer leurs fautes, ils déclarèrent au gouvernement que la malheureuse affaire du Corps-des-Vosges n'était que l'effet de la malveillance, et que les armées réussiraient rarement, tant qu'elles auraient des nobles pour les commander ; qu'en conséquence ils demandaient que tout homme né d'une caste privi-

légiée fût destitué, et renvoyé à vingt lieues de
Paris et des frontières. La demande fut accueil-
lie, et le décret fut porté.

Après cette affaire du 14 septembre, l'ennemi
s'empara des hauteurs de Bliecastel. Une partie
de l'armée de la Moselle était encore sur la rive
droite de la Sarre; elle fut attaquée à Limback
près Deux-Ponts, le 27 et le 28 septembre;
le 29 elle fut obligée de repasser la Sarre. Les
généraux Schauwembourg et Aboville étaient
destitués; mais, n'étant pas remplacés, ils commandaient provisoirement, et la retraite se fit
dans le meilleur ordre. Le capitaine Hyemes qui
commandait le pont de pontons sur la Sarre,
avait ordre de lever son pont sitôt que l'armée
serait passée : à une heure après midi toutes les
troupes françaises étaient sur la rive gauche de
la Sarre : on oublia de donner ordre de se retirer, à un officier qui commandait deux pièces
de 12 qui défendaient la tête du pont sur la
rive droite : or, Hyemes ne put lever son pont.
Depuis une heure après midi jusqu'à trois, les
Prussiens s'emparèrent des hauteurs et canon-
nèrent le pont vigoureusement. L'officier commandant les deux pièces de 12 n'osait se retirer
sans ordre : Hyemes ne pouvait lever son pont;
il craignait qu'en faisant avertir le général de
ce qui se passait, on ne le soupçonnât de craindre
pour sa personne, et nous restâmes près de
trois heures au milieu du feu de l'ennemi. Cepen-

dant vers les six heures, l'infanterie ennemie soutenue par son artillerie faisait un mouvement qui semblait nous assurer qu'elle marchait sur le pont. Je demandai à Hyemes d'avertir le général : il fut satisfait de ma précaution, et je fus à Sarrebruck où Schauwembourg parut très surpris de ce que le pont était encore sur la Sarre, avec des pièces de canon sur la rive droite : il donna ordre qu'on les enlevât sur le champ ; lorsque j'arrivai près d'Hyemes, je rencontrai le général Aboville qui ordonnait de lever le pont. Le travail, la retraite, au milieu des boulets et des obus de l'ennemi, se fit dans le meilleur ordre, et, par un bonheur inconcevable, personne ne fut ni tué ni blessé. Par suite de cette affaire l'armée du Rhin fut battue ; les lignes de Wissembourg furent prises, ainsi que le fort Vauban ; et Landau fut bloqué.

Schauwembourg, commandant en chef, fut donc destitué, ainsi que le respectable Aboville qui commandait l'artillerie, et tous autres officiers reconnus nobles. Ces destitutions fournirent l'occasion aux Représentants du peuple de servir leurs créatures, et ils s'attachèrent principalement à donner de l'avancement aux officiers du Corps-des-Vosges. Moreaux * fut nommé général en chef de l'armée ; mais il remercia, et ne

---

* Ce Moreaux n'est pas celui qui commande actuellement l'armée de Rhin-Moselle, mais celui qui a commandé en chef l'armée de la Moselle, et qui est mort à Thionville.

consentit à commander en chef que provisoirement. Verrières, chef de bataillon, sous-directeur du parc d'artillerie, fut nommé général de
brigade, commandant en chef l'artillerie : il
garda près de lui l'adjudant général Buchet,
qui fut fait prisonnier le 27 brumaire an 2ᵉ, et
qui fut remplacé par un capitaine d'artillerie légère (de Belle). Celui-ci était aussi né noble,
mais il avait la réputation d'un patriote : il se
battait avec intrépidité : il avait su capter la
bienveillance des Représentants, et il prit avec
lui deux officiers d'artillerie très-instruits, qui
étaient aussi des castes privilégiées (*Toyras* et
Vauxmoret.)

Un chef de brigade d'artillerie ne voyait pas
sans douleur que son cadet, chef de bataillon, fût
promu au grade de général. Cependant on ne
peut se dissimuler et il faut avouer franchement
que Verrières était un homme très laborieux,
connaissant parfaitement son état, plein d'amour
pour la chose publique, et ne donnant jamais des
ordres qu'avec une modestie qui devrait carac-
tériser tous les hommes en place. La place de
général commandant en chef l'artillerie était
peut-être au dessus de ses forces; et s'il a fait
quelques fautes, s'il a éprouvé des revers, on
a dû le plaindre plutôt que l'accuser.

Un capitaine aide - de - parc avait un frère
employé dans l'artillerie, qui sortait de ce
corps : il sollicita Verrières de le faire nom-

mer par les Représentants, officier d'artillerie
légère : le général déclara qu'il ne pouvait se
charger de cette demande qui lui paraissait in-
discrète, et il se fit un ennemi de plus. Car ce
capitaine allait de tentes en tentes, et ne savait
que répandre des injures, au milieu du camp,
sur son chef.... Ainsi Verrières avait pour ennemis les principaux chefs du parc qui devaient
nécessairement correspondre avec lui.

Le quartier général resta à Sarrebruck ; les
Prussiens occupèrent les hauteurs sur la rive
droite de la Sarre, et les Français celles de la rive
gauche : l'ennemi était en force, il avait une
position avantageuse, il était difficile de l'attaquer de front et de le vaincre. Un officier supérieur de l'armée française dont on parlait peu,
dressa un plan d'attaque et le présenta aux Représentants du peuple : le plan était bien dessiné
et paraissait possible à exécuter ; *Hoche* était
l'auteur de ce plan, il proposait de cerner l'ennemi en faisant passer une forte division par
Sarrelouis, et une autre par Sarralbe ; il voulait
qu'on laissât sur les hauteurs de Sarrebruck un
corps de réserve respectable pour attaquer l'ennemi de front, lorsque les deux divisions l'auraient cerné par derrière. Ce projet était beau
et infaillible ; les Représentants le reçurent, et
donnèrent à Hoche le commandement en chef
de l'armée, qu'il accepta.

Vers le vingt brumaire l'armée se développa

B

en deux parties; une colonne se mit en marche
par Sarrelouis, et l'autre par Sarralbe : les deux
tiers du grand parc d'artillerie se réunirent au
parc du Corps-des-Vosges qui était à Sarreguemines, et tous les chefs du parc restèrent au
camp de Sarrebruck ; quant à moi, je partis
comme conducteur faisant fonctions de garde
de la division d'artillerie attachée à la colonne
de Sarrelouis, commandée par le général Ambert.

Nous sortîmes de Sarrelouis le 27 brumaire
an 2.e A quatre lieues de là, il y avait un camp
de Prussiens près le village de Leback : les Français attaquèrent, l'ennemi se défendit vigoureusement, il fut battu et obligé de se retirer. On
lui prit cent chevaux, et environ cent vingt hommes; les habitants de Leback se sauvèrent avec
l'ennemi, le village fut pillé, et on trouva dans
les caves une quantité prodigieuse de marchandises de toute espèce, dont la majeure partie fut
perdue : car la troupe, sous prétexte de ne rien
laisser à l'ennemi, cassa, brisa des tonnes de
vin, d'eau-de-vie et d'huile qui submergèrent
toutes les marchandises cachées dans ces caves;
le soldat s'enivra, il se mit hors d'état de défense
en cas d'attaque. Le général Ambert, informé de
ce désordre, fit battre la générale : on crut que
l'ennemi revenait à la charge, et la troupe s'empressa de sortir du village. Si au moment de la
prise du pays, le commissaire du gouvernement

qui suivait la colonne d'armée eût mis de l'ordre,
la République aurait profité de ces richesses, il
aurait pu en faire distribuer le quart aux défenseurs de la patrie, qui tous en auraient profité
pendant quelques jours, au lieu qu'il n'y a eu que
quelques pillards qui ont profité de certaines choses, et le reste a été perdu. Pendant qu'Ambert
battait l'ennemi à Leback, la droite de l'armée
le harcelait ; et ce même jour 27 brumaire,
Hoche le battit à Bliecastel et devant Bitche
où il perdit beaucoup de monde.

Le lendemain 1.ᵉʳ frimaire le général Ambert
fit une proclamation dans laquelle il disait qu'on
allait fouiller tous ceux qui s'étaient livrés à
des excès, et qu'on punirait sévérement ceux
qui seraient nantis d'effets pillés. Ceux qui
n'avaient pas de moyens de transports, ven-
daient à vil prix aux vivandiers, ou jetaient
dans les rues ce que la veille ils avaient pris
avec tant d'empressement. Je crois que la proclamation du général eût été plus nécessaire
avant d'entrer dans le village, que le lendemain;
car il est plus agréable d'empêcher le crime,
que d'être obligé de punir celui qui le com-
met......Ce jour, 1.ᵉʳ frimaire, la colonne
d'Ambert se mit en marche pour suivre l'ennemi qui se retirait sur Kaiserlautern ; elle devait suivre les mouvements de deux autres colonnes qui marchaient sur la même ville, où les
Prussiens étaient formidablement retranchés; car

le corps d'armée ennemie, resté sur les hauteurs de Sarrebruck, voyant qu'il pouvait être tourné par les Français, se retira aussi à Kaiserlautern.

La partie d'armée française, restée sur la rive gauche de la Sarre pour attaquer de front l'ennemi lorsqu'il serait temps, sachant qu'il se retirait, passa la Sarre et le poursuivit. On avait lieu de croire que le fond du grand parc d'artillerie de l'armée, resté pareillement sur la rive gauche de la Sarre, suivrait la colonne du centre : on fut fort étonné de voir que les officiers et employés subalternes de l'artillerie marchèrent tous en avant, remplissant les fonctions de leurs chefs, tandis que ceux-ci restèrent sur les derrières : on remarqua que le directeur fit faire le logement à Saint-Avold.

Le général Verrières, ayant appris que le fond du grand parc se retirait à Saint-Avold, donna ordre au directeur de rentrer à Sarrebruck, et le chargea d'approvisionner un parc placé sur les hauteurs de Deux-Ponts, qui devait alimenter l'armée, et qui était commandé par Andréossis, capitaine aussi instruit qu'estimable sous tous les rapports.

Le parc central de l'artillerie pour les trois divisions qui marchaient sur Kaiserlautern, fut commandé par le capitaine Morial, qui, quoique jeune, connaissait parfaitement tous les détails d'un parc, et commandait avec autant de sagesse que d'intelligence.

Le 27 frimaire, l'armée arriva dans les environs de Kaiserlautern; elle trouva les routes coupées. Des retranchements hérissés de canons, des redoutes, des chevaux de frise, et autres travaux dignes de l'art, couvraient cette ville : les Prussiens avaient en outre fait des coupes de bois qui empêchaient la cavalerie de pénétrer. Cependant, si les trois divisions qui composaient l'armée de la Moselle eussent exécuté ponctuellement l'ordre du général en chef (Hoche), Kaiserlautern eût tombé au pouvoir des Français. On tourna les Prussiens; le 28, on commença à se battre : vers le soir, les Français perdirent beaucoup de monde en gravissant une montagne pour pénétrer dans un bois de sapin où était l'ennemi, et furent obligés de se replier. Le 29 l'attaque recommença, le feu fut vif et l'action très-chaude. A une heure après midi, un officier d'hussards demanda, de la part du général en chef, une division d'artillerie, composée de six bouches à feu et de leur approvisionnement. A l'instant elle fut commandée, et elle se mit en marche sous ma conduite, aux ordres du capitaine *Cantarac de Saint-André*. Arrivés à une demi-lieue de l'ennemi, l'officier d'hussards, chargé de nous indiquer le poste que nous devions occuper, nous fit faire halte dans un pré entouré de fossés et de marais : il nous quitta pour aller prendre des ordres ultérieurs de Hoche, et ne revint pas. Lorsque nous

eûmes resté plus de deux heures dans cette
prairie ; nous envoyâmes demander au capitaine
Malavillers, qui commandait les divisions d'artillerie, ce que nous devions faire ; il nous donna
ordre de rentrer à la réserve. Peu de temps
après, on sut que l'armée avait beaucoup souffert faute d'artillerie pour la soutenir ; on assura
même que si cette division demandée fût arrivée
à sa destination, on aurait pris à l'ennemi ses
postes les plus importants. Mais qui fut la cause
de ce retard ? ce fut sans doute cet officier d'hussards qui nous abandonna, sans nous dire sur
quel point nous devions nous porter.

Le général Verrières, désespéré de ne point
voir arriver cette division d'artillerie, envoya un
exprès pour la chercher ; il ignorait qu'elle avait
déja été en marche, et qu'elle était rétrogradée :
elle repartit à l'instant, mais elle arriva trop
tard. Les Français avaient été obligés de se replier une seconde fois ; la nuit survint, et le coup
fut manqué : toute la nuit fut employée à char-
royer l'artillerie pour la placer sur différents
points. On surmonta tous les obstacles que la
nature présentait. Au sein de l'obscurité, et
par une pluie abondante, nous traversâmes des
marais ; nous passâmes par des chemins tor-
tueux et presque impraticables ; enfin nous
arrivâmes à la portée du canon de l'ennemi : les
pièces placées, nous bivaquâmes en attendant
le jour. Cette même nuit les Prussiens reçurent

un renfort, et nous n'avions d'autres troupes que
celles qui se battaient depuis deux jours par un
temps affreux, tantôt dans des marais, tantôt
en gravissant les montagnes : cependant, à la
pointe du jour (le 3o frimaire), les Français
attaquèrent, l'ennemi riposta vigoureusement;
depuis six heures du matin jusqu'à huit, la
canonnade fut terrible, le ciel était en feu, et
on perdit beaucoup de monde de part et d'autre.
Mais l'artillerie légère des Français, qui se battait depuis trois jours, avait consumé une quantité prodigieuse de munitions : les parcs de réserve étaient éloignés de l'armée; on manqua de
munitions du calibre de 8, il en restait fort peu
de celui de 12, et d'obus; il fallait s'en ménager
en cas de retraite, alors nous diminuâmes notre
feu sur l'ennemi. Celui-ci s'en aperçut; il nous
chargea davantage, il nous obligea à la retraite :
un cri de munition se faisait entendre partout.
Verrières était au champ de bataille, j'étais auprès
de lui. Voyant que les munitions manquaient,
il était désespéré. Hoche lui fit des reproches
amers; mais pouvait-il croire qu'un approvisionnement énorme qu'il avait fait marcher en avant,
serait consommé en si peu de temps? Le seul
tort qu'il eut, ce fut de ne pas prévoir que si
l'artillerie légère rend de grands services à
l'état, elle dépense considérablement : il aurait
pu encore laisser ses parcs de réserve moins loin
de l'armée; mais, par l'évènement de la retraite,

il eut raison ; car, si ses parcs eussent été en avant, n'étant pas attelés complètement, une grande partie serait restée au pouvoir de l'ennemi : peut-être aussi que, si les munitions n'eussent pas manqué, la retraite n'aurait pas existé ; mais ceux qui connaissent Verrières l'ont plutôt plaint qu'ils ne l'ont accusé. Le 30, dis-je, vers les neuf heures du matin, l'armée française fut forcée par les Prussiens, elle battit en retraite. Le train d'artillerie, obligé de repasser par les chemins que j'ai cités ci-dessus, courut les plus grands dangers. La cavalerie ennemie surpassait de beaucoup en nombre celle des Français : cependant celle-ci et l'artillerie légère soutinrent la retraite avec un courage digne d'admiration. Debelle, adjudant général d'artillerie, donna une preuve de son zèle ; il rallia un bataillon qui était épars, et avec la compagnie qu'il commandait avant d'être adjudant général, il se battit vigoureusement, sauva deux pièces de 12 et les hommes destinés à les servir, qui allaient devenir la proie de l'ennemi : il forma l'arrière-garde ; et, par sa contenance héroïque, il procura le temps à tous les parcs et équipages de se retirer. Toute l'artillerie arriva vers une heure du matin sous Hombourg-la-Forteresse : les chevaux ne pouvaient plus marcher, on fit halte jusqu'au jour ; ensuite on se rendit sur les hauteurs de Deux-Ponts, où nous trouvâmes le capitaine Andréossis, avec son parc, dans le meilleur état; et, peu de temps après, l'artillerie reçut ordre d'aller sur les hauteurs de Bliecastel : le quartier général s'établit dans cette ville.

Le projet de Hoche, qui était de chasser l'ennemi des bords de la Sarre, réussit parfaitement : on aurait enlevé Kaiserlautern s'il y eût eu plus d'ensemble dans les trois colonnes d'armée, à l'attaque des retranchements formidables qui couvraient cette ville : mais la retraite obligea les généraux des armées de Rhin et Moselle (Hoche et Pichegru) de se concerter pour chercher les moyens d'opérer la jonction des deux armées : en effet, l'armée du Rhin fit des mouvements, celle de la Moselle détacha un corps de troupes qui passa par Bitche, les gorges de Niderbronn et de Limback : ces montagnes furent enlevées à la bayonnette par l'armée de la Moselle. L'ennemi fut battu complettement à Werth, Reichoffen et lieux environnants: (2 nivose an 2.ᵉ) L'armée du Rhin reprit les lignes de Weissembourg après une bataille sanglante (5 et 6 nivose), et la jonction des deux armées s'opéra. Il restait aux républicains à faire le déblocus de Landau; les deux armées marchèrent sur cette ville : une partie de celle de la Moselle restée sur les hauteurs de Deux-Ponts et Hombourg, marcha de nouveau sur Kaiserlautern : l'artillerie qui était à Bliecastel aux ordres de Faultrier, officier aussi recommandable par ses vertus que par ses talens, reçut ordre de suivre cette destination ; mais l'ennemi qui se voyait tourner de toute part, abandonna ses projets sur Landau, il se retira sur le Rhin (5 et 6 nivose) : j'étais de la colonne qui marcha sur Kaiserlautern, et nous entrâmes dans cette ville sans tirer un coup de fusil le premier jour de l'an 1794 (11 nivose an 2.ᵉ))/Nous examinâmes les superbes travaux des Prussiens qui, un mois auparavant, nous avaient été si funestes. Hoche poursuivit sa carrière glorieuse, il s'empara successivement des lignes de Germersheim, entra dans Spire et Worms (7. 14 et 17 nivose). Le déblocus de Landau ôta à l'ennemi l'espoir sur la Lorraine et l'Alsace : il termina la campagne, et procura aux troupes les cantonnements dont elles avaient le plus grand besoin : cette place n'ayant plus de vivres, était à l'instant de se rendre. Hoche y entra avant Pichegru, et il data ainsi l'ordre du jour : *à mon quartier général, ce, etc.* Pichegru s'en offensa, et la guerre se déclara entre deux généraux estimables, qui peu de temps avant agissaient de concert pour sauver la patrie. O faiblesses humaines !... quand les hommes seront-ils maîtres de leurs petites passions ?... Ce qui occasionna d'abord cette lutte parmi ces deux grands hommes, ce furent les Représentants du peuple des deux armées qui se rivalisaient : Hoche eut l'ordre de commander en chef les deux armées, et cet honneur faillit lui coûter la vie, comme on verra ci-après.

ANNÉE 1794. (an 2.ᶜ de la République).

Après le déblocus de Landau, une partie de l'artillerie rentra à Bitche ; nous y arrivâmes vers le 20 nivose (mois de janvier 1794); notre parc fut réuni à la réserve placée sous le canon du fort. Je reçus ordre de prendre connaissance de cette réserve d'artillerie, et un conseil d'administration me nomma garde de ce parc. En passant par Deux-Ponts pour nous rendre à Bitche, nous rencontrâmes les officiers supérieurs du grand parc qui étaient restés à Sarrebruck, et dont j'ai parlé plus haut. J'avoue que je fus étonné de les voir avec un train d'artillerie marchant en avant, quand toutes les troupes rentraient en cantonnement, et que les opérations de la campagne étaient terminées : je crus d'abord qu'ils marchaient sur le fort Vauban qui était encore au pouvoir de l'ennemi, mais ils ne furent pas si loin : ils firent une tournée, ils ramassèrent les pièces et caissons d'artillerie de l'armée de la Moselle qui étaient confondues avec l'artillerie de l'armée du Rhin ; ils rentrèrent à Sarrelouis, et leur campagne fut finie.

L'ennemi occupait toujours le fort Vauban; on voulait l'avoir avant la fin de la campagne, on y envoya des troupes. L'ennemi fit une sortie; il y eut un combat opiniâtre : il rentra dans le

fort avec grosse perte (27 nivose); mais, voyant
qu'il ne pouvait le garder sans danger, il se décida
à passer le Rhin; avant de quitter, il fit sauter
une partie du fort (29 nivose).

Un officier supérieur de l'artillerie convoitait en
secret la place du général Verrières : la malheureuse affaire de Kaiserlautern où on avait manqué de munitions, était un grand prétexte pour
servir son ambition. Verrières ne fut pas destitué,
mais suspendu de ses fonctions : les Représentants
du peuple lui demandèrent un compte par écrit
sur sa conduite à Kaiserlautern, et ils nommèrent
pour le remplacer le capitaine Andréossis. Celui-
ci trop sage pour faire son bonheur aux dépens
des autres, et trop délicat pour passer sur le
corps de ses anciens, n'accepta pas le grade de
général; il remercia les Représentants. Celui qui
aspirait au généralat fut très surpris de n'avoir
pas eu la préférence sur Andréossis. Lépine,
officier général d'artillerie, commanda en chef
provisoirement. Verrières rendit compte par écrit
aux Représentants : sa correspondance, surtout
avec Andréossis qui commandait un parc d'artillerie, fut mise au jour, et il fut réintégré dans
ses fonctions de général.

Le parc qui était à Bitche reçut ordre de se
rendre à Thionville : quelques jours avant le
départ, vint un chef de bataillon avec le grade
de sous-directeur pour le commander : son arrivée fit présumer que le parc d'artillerie de

l'armée serait divisé en deux parties, ce qui
arriva. Au moment de partir, un des conducteurs
principaux d'artillerie mourut; la place deve-
nant vacante : le sous-directeur (Dieudé) qui
arrivait et qui ne connaissait pas sur qui le choix
devait tomber, consulta les officiers et employés
du corps : les opinions se réunirent en ma faveur,
Dieudé écrivit au ministre de la guerre, il demanda et obtint la place pour moi. Nous partî-
mes pour Thionville, nous y restâmes jusqu'aux
premiers jours de germinal (fin de mars 1794).

Pendant plus de deux mois, l'armée ne fit
aucun mouvement : Hoche et Debelle habitèrent
Thionville : le premier reçut des fêtes de la part
des habitants qui le regardaient comme le sauveur de la Lorraine et de l'Alsace. Ces deux officiers généraux se marièrent dans cette place et
épousèrent les deux sœurs; ce qui donna lieu à
de nouvelles fêtes et à de nouveaux plaisirs.

Une division, aux ordres du général Hatry,
marcha sur Arlon, et s'empara de ce poste important. Quelques jours après, une partie de la
garnison de Luxembourg surprit les Français,
entoura le quartier général, et faillit s'emparer
du parc d'artillerie : il était environ minuit lorsqu'on s'aperçut qu'on était dans le plus grand
danger; on prit les armes, on se battit vigoureusement, et on se retira jusque sous le canon
de Longwy. Le quartier général s'établit à Vil-
lers-la-Montagne.

La superbe campagne de 1794 (an 2ᵉ.) s'ouvrit dans le commencement de germinal (fin
de mars (v. s.) ; mais il y eut de grands changements dans l'armée de la Moselle : le général
en chef (Hoche), reçut ordre d'aller commander l'armée des Alpes. Au moment d'y arriver,
on le manda à Paris, et le comité de salut public
de ce temps, le mit en état d'arrestation. On lui
reprochait d'être resté longtemps à Thionville,
et de s'y être marié : d'autres prétendent que
quelques membres du gouvernement voulurent
venger Pichegru de ce que Hoche était entré
avant lui à Landau, après le déblocus. Ce qu'il
y a de certain, c'est que sans l'époque heureuse
du 9 thermidor an 2.ᵉ, Hoche aurait perdu la
vie, et on n'aurait point eu égard aux services
importants qu'il avait rendus à la patrie. Pichegru
fut commander l'armée du Nord, et Michaud
le remplaça à l'armée du Rhin.

L'armée de la Moselle fut démembrée : les
quatre meilleures divisions commandées par les
généraux *Hatry*, *Lefebvre*, *Championnet* et
Morlot, composèrent le corps d'armée de gauche ; Jourdan, général à l'armée du Nord, vint
commander en chef. Bollemont, général d'artillerie, venant aussi de l'armée du Nord,
remplaça Verrières qui fut mis en état d'arrestation, et emprisonné à Longwy. Debelle rentra, commandant l'artillerie légère seulement.
Le directeur V**, qui, par *la faiblesse de sa*

vue, avait refusé d'être général à l'armée, accepta le généralat pour commander une place : alors Dieudé fut commander le parc de Sarrelouis.

A cette époque, il y eut un grand changement dans les équipages militaires : les entrepreneurs furent remerciés : toutes les administrations furent mises en régie. Loin que ce changement fût utile à la chose publique, il devint très préjudiciable. On peut dire avec impartialité, que ceux qui avaient été mis à la tête de cette régie n'aimaient pas le gouvernement républicain : plusieurs de leurs employés en chef et subalternes les imitaient ; chacun tirait à soi, s'enrichissait, et la chose publique perdait tout. J'ai souvent entendu dire à des hommes qui trafiquaient les chevaux et leur nouriture, *la République est assez riche, elle payera.* Pendant un an que dura cette régie (du 1.ᵉʳ germinal an 2.ᵉ au 1.ᵉʳ germinal an 3.ᵉ) on ne voyait que désordres et dilapidations : tantôt les chevaux manquaient de fourrages, tantôt de fers, harnois, etc. Le service de l'artillerie était surtout celui qui plaisait le moins à quelques-uns des régisseurs : que de fois ai-je entendu regretter les entreprises de *Lancherre* le père, et de *Choisot!* J'ai été à portée de connaître leurs opérations ; j'ai vu l'ordre et l'exactitude qui existaient dans leurs équipages, et je déclare avec vérité que jamais la régie dont je parle ne les a imités. Si

j'avais appartenu à ces entrepreneurs, on pourrait
croire que j'ai intérêt de faire leur éloge ; mais
je prie mon lecteur de se souvenir que je lui ai
promis d'être impartial. . . .

Je partis avec les quatre divisions de l'armée
de la Moselle qui marchèrent sur Charleroi,
auxquelles on joignit l'armée des Ardennes et
une division de l'armée du Nord. L'armée des
Ardennes à cette époque avait perdu de bons
généraux qui l'avaient conduite plusieurs fois à
la victoire, mais elle commençait à se désorga-
niser : on ne voyait, tant dans la partie militaire
qu'administrative , que confusion d'autorité ;
tout le monde commandait, personne ne voulait obéir. Pour donner une idée de ce que j'avance, je citerai pour exemple les employés de l'artillerie qui avaient un traitement bien supérieur à
ceux des autres armées : traitement qui leur avait
été accordé par les Représentants du peuple, qui
ne connaissaient ni leur place ni la nature de
leurs fonctions. On assure que le général qui
commandait en chef cette armée avant la réunion , était un homme tout-à-fait immoral : ce
qui donna lieu de croire à ce bruit, c'est que
lorsque nous approchâmes de Charleroi, nous
trouvâmes plusieurs villages pillés et dévastés :
on nous assura, principalement au village de
Montigny-le-Teigneux , que le général, plein
de vin, s'était livré au pillage comme le reste
de l'armée. On doit cependant citer en l'hon-

neur de l'armée des Ardennes le trait héroïque
de deux cents hommes, environ, qui se trouvèrent dans le château-fort de Bouillon lorsqu'il
fut attaqué, le 3o floréal, par un grand nombre
d'Autrichiens qui avaient battu complètement
les Français formant un camp en avant de la ville.
La garde nationale de Sedan perdit beaucoup de
monde à cette affaire. Quoique ce corps d'armée
fût obligé de battre en retraite, ceux qui étaient
dans le fort se défendirent vigoureusement. L'ennemi, voyant qu'il ne pouvait avoir ce fort, se
livra à tous les crimes dans la ville de Bouillon,
et se retira.

A deux lieues de Charleroi, les deux parcs
d'artillerie de la Moselle et des Ardennes arrivè-
rent le 20 prairéal an 2ᵉ. La réunion fut ordonnée. Le premier était commandé par *Horson,*
ancien militaire, brave homme, mais n'ayant pas
les moyens nécessaires pour commander un parc:
l'autre avait pour chef *Thevenot,* aussi chef de
bataillon, mais qui, tenant fort à l'honneur de
commander, ne se souciait pas de réunion ;
néanmoins elle s'opéra pour deux jours. Au moment de réunir les deux trains en un seul, un
contre-ordre arriva ; et Thevenot, suivant son
vœu, ne fut pas dépendant de son camarade Horson. Au parc des Ardennes était joint un équipage de ponts, de pontons, commandé par le
capitaine *Sénermont*, officier aussi estimable
qu'instruit, qui, quoique officier de l'ancien

C

régime, sut se concilier l'estime de tous ceux qui le connaissaient.

Les deux parcs de Sarrelouis et Thionville furent réunis en un seul, et aux ordres du directeur Dieudé : il prit position au village d'Ukange, route de Metz à Longwy et à Thionville; il se trouvait au point central, il devait alimenter les deux corps de l'armée. Celui de droite était commandé par Moreaux, celui de gauche se mit en marche dans les derniers jours de germinal (an 2). Les Républicains prirent de nouveau Arlon (29 germinal); on enleva à l'ennemi plusieurs pièces de canon : l'armée continua sa route par *Saint-Hubert* et *Marche-en-Famine*, pour se porter sur *Dinan* où l'ennemi était formidablement retranché. Le 6 prairéal l'ennemi perdit son camp sous Saint-Hubert, et il fut mis en déroute. Arrivé près de Dinan, on trouva des retranchements formidables qui appuyaient à la Meuse. Les chemins étaient coupés, le seul qui offrît quelque passage était couvert de canons et de chevaux de frise, ce qui rendait l'attaque de front impossible; mais les Républicains tournèrent les retranchements par le côté opposé à la Meuse, et entrèrent dans la ville avant que les Autrichiens eussent quitté leur position. Ceux-ci perdirent beaucoup de monde en se sauvant par Dinan, et on leur fit soixante prisonniers. Cette superbe expédition eut lieu le 7 prairéal, an 2ᵉ. Le parc d'artillerie prit

position sur les hauteurs de la ville, et on y
resta quelques jours *.

* En quittant Dinan, je dois citer un fait particulier qui fera
frémir d'horreur. Un monstre, indigne d'être Représentant du
peuple français, (Duquesnoi) suivait l'armée. J'étais en mission
à Metz, par ordre du général Bollemont; et en mon absence,
mon camarade Belchamps, conducteur principal, se trouvant à
Marche-en-Famine, avec le parc qui manquait de chevaux, s'a-
dressa à Duquesnoi pour lui en faire livrer. Celui-ci le renvoya au
commissaire-ordonnateur des guerres. Belchamps ne fut pas plus
heureux chez ce dernier. Il retourna chez le Représentant qui le traita
durement, et le fit mettre à la porte. Ce jeune homme, plein de zèle
pour son service, voyant une partie du parc qui allait rester en
arrière de l'armée sans chevaux, rentra chez Duquesnoi, et per-
sista dans sa demande. Se voyant de nouveau brusqué et maltraité,
il sortit en disant *qu'il ne répondait pas du parc*. A ces mots,
Duquesnoi le fait arrêter, et ordonne qu'il soit conduit à la prison militaire : préalablement on le désarme, et on place son sabre
dans la chambre du Représentant. Ce sabre était fort beau; il y
avait dessus les fleurs de lys qu'on mettait autrefois sur les armes.
Belchamps, attaché à son sabre, avait fait graver son nom sur la
lame : il s'appelait *Louis*; et ce nom se trouvant par hasard sous
les fleurs de lys, Duquesnoi le déclara contre-révolutionnaire, et
prononça sa mort. Il envoya l'arme de l'infortuné Belchamps au
tribunal sanguinaire de ce temps, avec ordre de le condamner.
En effet, le tribunal, complaisamment dévoué à *l'auguste Représentant*, eut bientôt instruit le procès : il n'entendit qu'une fois
le prévenu, à qui on ne donna pas le temps de se défendre *;
et il fut condamné à être fusillé, *pour avoir, au mépris des lois, gardé
des signes infâmes de la royauté, et fait graver son nom au bas*....
Tels étaient les propres mots portés à l'arrêt fatal qui ôta la vie
à un jeune homme de vingt-un ans, ayant les meilleurs principes
pour faire un bon sujet, un homme à talents, et qui, dans un
âge plus avancé, pouvait être utile à la société.
Notre conducteur général, Belchamps père, connaissait bien la

* A cette époque, une loi barbare défendait aux accusés d'avoir des défenseurs.

Le 28 prairéal, les Républicains attaquèrent l'ennemi sous Charleroi, mais ils ne réussirent pas; quelques militaires se sauvèrent, jetèrent l'alarme; plusieurs employés des administrations, et surtout les vivandiers, ayant pris la fuite, occasionnèrent une déroute complète. Une compagnie d'artillerie légère se trouva bloquée par les Autrichiens. L'adjudant général *Debelle* donna une nouvelle preuve de sa bravoure : il se

---

légèreté du caractère de son fils, si ordinaire à tous les jeunes gens. Ignorait-il qu'il avait un sabre fleurdélysé, et qu'il avait fait graver son nom sur la lame ? S'il le savait, il était bien coupable ; car il avait de l'expérience, et il connaissait les lois rigoureuses du régime révolutionnaire. Enfin, il devait guider son fils par ses conseils, ou se servir de son autorité paternelle.

Le jour du jugement de l'infortuné Belchamps, un nommé *Molard* et moi nous allâmes le voir dans sa prison. Bien persuadé qu'il n'était coupable d'aucun crime, il nous dit : *Je serai jugé aujourd'hui*, et *demain j'espère rentrer dans mes fonctions*. Nous goûtâmes ensemble ; et, après nous être embrassés, nous le quittâmes. Le lendemain au matin tous les employés du parc se préparaient à recevoir leur camarade, quand on vint nous annoncer qu'une garde nombreuse l'amenait au camp pour être fusillé. Tous interdits, se regardaient : on ne pouvait croire à une telle horreur, et chacun se demandait quel était son crime *. Quelques personnes approchent on le voit entouré d'hommes armés, écrivant à son père, et donnant de sang-froid à son domestique tous ses vêtements. Peu de temps après, on entend le signal, et au camp de Stawe le malheureux Belchamps périt en héros, victime de la vengeance du monstre Duquesnoi. Combien d'hommes sont tombés sous la hache révolutionnaire, par l'autorité arbitraire de quelques scélérats qui, au nom du peuple français, assassinaient juridiquement leurs concitoyens !..... Par suite de cette affaire, Belchamps le père fut destitué et incarcéré.

* On ignorait qu'il eût un sabre fleurdelisé ; ce ne fut qu'au soir, à l'ordre général de l'armée, que l'on apprit sous quel prétexte il avait été condamné à mort.

mit à la tête d'un détachement de cavalerie; il
chargea l'ennemi avec une telle impétuosité,
qu'il se trouva enveloppé : il reçut sept coups de
sabre, dont plusieurs sur la tête, et très-dan-
gereux ; et il aurait terminé sa carrière sur le
champ de bataille, sans la générosité d'un officier autrichien qui le retira des mains de ses
soldats, et lui sauva la vie. Un renfort d'artillerie légère étant arrivé, on chassa l'ennemi, et
on ramassa le brave Debelle presque expirant.
Les secours qu'on lui apporta le rappelèrent à
la vie ; on le transporta à l'hôpital de Philippe-
Ville : il n'en mourut pas.

L'armée battit en retraite dans un désordre
effroyable, jusqu'à cinq lieues de Charleroi. Le
29, Jourdan rallia ses troupes, et fit une proclamation dans laquelle il disait : « Les Républi-
« cains ne sont pas accoutumés à être vaincus :
« méfions-nous de quelques malveillants qui cher-
« chent à nous distraire et à nous effrayer; bien-
« tôt nous marcherons de nouveau à la victoire,
« et je compte sur le zèle des braves frères d'ar-
« mes que je commande. »

Telle était la substance de la proclamation
de Jourdan : elle produisit le plus grand effet,
chacun s'empressa de se rallier ; et le premier
messidor on se mit en marche de nouveau sur
Charleroi. On s'attendait à une affaire sérieuse,
mais l'avant-garde fut suffisante pour faire rentrer l'ennemi dans la place. Dans le jour Char-

leroi fut bloqué, et on fit tous les préparatifs
pour en faire le siège. Pendant que nous battions
en retraite (28 prairéal), l'armée du Nord combat-
tait avantageusement. Moreau entra dans Ypres
le 29 prairéal, après douze jours de tranchée.

Tout fut mis en usage pour ouvrir la tranchée sous Charleroi: le jour et la nuit furent employés pour se procurer de Philippeville les pièces et munitions de gros calibre, nécessaires au
siège. En un mot, au bout de trois jours, deux
batteries portaient déja au sein de la ville.

Un ballon arriva au quartier général. Quelques personnes tournèrent en ridicule l'idée in-
génieuse qu'on avait de se servir d'une ma-
chine aéorastique pour faire la guerre; cependant elle devint fort utile. Le ballon, tenu par
des hommes, planait dans les airs, découvrait
aisément les mouvements de l'ennemi dans la
place, et indiquait le plan de leurs batteries.
Les premiers jours de l'ascension de cette ma-
chine, quelques soldats autrichiens, placés sur
les remparts de Charleroi, en furent tellement
effrayés, qu'ils appelèrent au secours, et firent
rassembler une partie de la garnison.

Le siège de Charleroi fut poussé avec une
telle vigueur, qu'au bout de sept jours la ville
haute fut preque incendiée, et l'ennemi obligé
de se rendre *.

---

* Avant de donner les détails de la reddition de Charleroi, je

Pendant le siége de Charleroi le parc d'artillerie de la Moselle changea de chef : on lui donna pour successeur, un homme qui brûlait du desir de commander, et qui ne pouvait croire qu'un de ses subordonnés pût avoir autant de génie que lui.

Pendant sept jours que durèrent le blocus et le siége, il y eut quelques affaires d'avant-postes avec la garnison qui fit plusieurs sorties

---

dois citer un trait horrible de la part du Représentant Saint-Just.

Ce proconsul français ordonna la construction d'une batterie qui lui paraissait nécessaire*. Le général Bollemont en confia l'exécution à un capitaine d'artillerie, nommé *Méras*. Toute les pelles, pioches et autres ustenciles se trouvant employés à d'autres travaux, les ordres du Représentant ne purent être exécutés. Le lendemain au matin, passant près du lieu où cette batterie devait être construite, il cria, fulmina, envoya chercher le capitaine ; et, sans entendre ses raisons, il le fit arrêter. Deux jours après, pendant que sa compagnie se battait contre l'ennemi, il le fait prendre dans sa prison, il le fait conduire au milieu des travaux ; et là, ô douleur ! ô inhumanité ! il le fait assassiner. Le soir sa compagnie rentre au camp couverte de gloire ; elle apprend que son chef a été fusillé ; elle se livre au désespoir. Elle voulait aller chez le tyran : on l'en empêcha, dans la crainte que quelques-uns de ces braves soldats ne fussent de nouvelles victimes. Méras était tellement aimé, que toute l'artillerie voulait tirer vengeance de son assassinat. Une rumeur presque générale se fit entendre au milieu des retranchements ; et, pour éviter qu'elle n'eût des suites, on renvoya dans l'intérieur la compagnie de l'infortuné Méras.

* On sait qu'il a été un temps où des Représentants, souvent peu instruits dans l'art militaire, osaient impudemment commander de vieux soldats qui avaient blanchi sous le harnois, et les obligeaient à sacrifier, au gré de leurs caprices, quelques milliers de braves militaires.

malheureuses Le 7 messidor la ville étant en
flammes, l'ennemi proposa une cessation d'armes; les assiégeants peu disposés à l'accorder,
continuèrent leur feu : ils sommèrent la ville
de se rendre; ils donnèrent un quart d'heure
pour la réponse, promettant de cesser toutes
hostilités pendant ce délai.

Les Autrichiens étonnés d'une telle réponse,
voyant la ville presque consumée, consentirent
à la reddition de la place, et ils envoyèrent aux
assiégeants une lettre portant ces mots : *La garnison de Charleroi, comptant sur la loyauté des
Français, se rend à leur discrétion.*

A dix heures du matin cette place tomba au
pouvoir des Français : à onze heures l'état major
de l'armée y entra; à cinq heures du soir la garnison forte de trois mille hommes mit bas les
armes, et défila entre deux haies de Français,
comme prisonnière de guerre, pour se rendre à
Philippeville.

Depuis plusieurs jours, une partie de l'armée
ennemie marchait au secours de Charleroi : au
moment où les Autrichiens sortaient de la place,
on entendit le canon qui attaquait notre armée
d'observation : l'affaire fut assez chaude; il périt
du monde de part et d'autre, mais les républicains ne perdirent pas un pouce de terrein. Pendant cette canonnade, le commandant de la
place se lamentait; il était au désespoir de

s'être rendu sitôt. La nuit survint : le feu de l'ennemi cessa ; et tandis que la garnison passait à Philippeville, les Français employaient tous leurs moyens pour lever le parc de siége et le faire ·transporter sur les derrières, dans la persuasion où ils étaient qu'ils seraient attaqués le lendemain.

En effet, le 8 messidor à trois heures du matin l'ennemi attaqua avec vigueur : cent mille hommes des meilleures troupes de l'Empire d'Allemagne, commandés par quatre habiles généraux, attaquèrent soixante quinze mille républicains ; et les plaines de *Fleurus*, déja si célèbres par les batailles fameuses qui s'y donnèrent en 1622 et 1690, furent encore le théâtre d'une bataille sanglante. Elles furent jonchées de cadavres, et la victoire resta aux Français. L'ennemi vaincu à Fleurus (village à 3 lieues de Charleroi) semblait se retirer, mais il n'était que onze heures du matin ; on se battait de puis trois heures, néanmoins on ne s'en tint pas là : l'ennemi appuya sur sa droite et le combat s'engagea de nouveau. Le feu fut vif et soutenu par les deux partis : trois fois la victoire resta indécise : on remarqua même vers les cinq heures du soir un avantage marqué en faveur de l'ennemi : sa droite avait forcé notre gauche sur les bords de la Sambre : il n'y avait pas de ponts, de sorte qu'il fallait vaincre ou périr. Une feinte de retraite au centre de l'armée fran-

çaise réussit à merveille *. L'ennemi s'avança
sur notre centre dans l'espoir de couper notre
gauche ; il ne s'attendait pas à ce qu'on lui préparait : quatre pièces d'artillerie, couvertes et
placées à propos, firent plusieurs décharges à
mitrailles, lui tuèrent beaucoup de monde, et
l'obligèrent à se replier : notre centre avança ;
alors les Autrichiens craignant à leur tour d'a-
voir leur droite coupée, se retirèrent de dessus
notre gauche qui était sur les bords de la Sambre, et le gain se décida entre six et sept heures
du soir en faveur des Républicains.

Le ballon ne contribua pas peu au succès des
armées françaises : tenu par des hommes, il planait dans les airs : au bas il y avait, comme je l'ai
dit, des cavaliers qui recevaient de l'observateur
tous les mouvements de l'ennemi, et qui les trans-
mettaient aux généraux français. Cette fameuse
journée coûta cher à l'ennemi : non seulement il
perdit plus de dix mille hommes, mais elle lui ôta
encore tout espoir sur la France. Je pense cependant que les Français y ont aussi perdu beaucoup
de monde, mais tous ceux qui ont vu le champ de
bataille se sont accordés à dire qu'il y avait trois
Autrichiens ou Hanovriens contre un Français.

---

* A ce moment on entendit les soldats qui s'écrièrent : *Mon
général, aujourd'hui point de retraite.* Ce cri généreux et presque
unanime se réalisa : bientôt notre centre avança, et l'ennemi se
retira précipitamment.

Ce fut après cette journée mémorable que les trois parties d'armée, *Ardennes*, *Nord* et *Moselle*, prirent le nom d'*Armée de Sambre et Meuse* : cette armée se développa ; une partie se dirigea sur Mons, et l'autre continua sa marche victorieuse sur la Belgique.

Le 13 messidor, *Mons* et 20 mille quintaux de grains tombèrent au pouvoir des Français : on s'occupa alors de la reprise de nos villes du Nord (Landrecies, le Quesnoy, Valenciennes et Condé). Landrecies se rendit le 29 messidor, après six jours de tranchée ; le Quesnoy après vingt jours, le 28 thermidor. Valenciennes fut repris le 10 fructidor, et Condé le 12 du même mois.

Pendant que ces places rentraient au pouvoir des Français, l'armée du Nord, aux ordres de Pichegru et Moreau, prenait *Ostende, Tournai, Oudenarde, Gand, Malines, Nieuport, Cassandria, le Fort-l'Ecluse.* Toutes ces places furent enlevées en moins de trois mois : l'armée de Sambre et Meuse volait de victoires en victoires, l'ennemi fuyait devant elle ; partout il était battu. Il se retira sur Liège : les Français le poursuivirent. Les principaux endroits qu'ils prirent en le suivant furent *Senef, Nivelle, Gembloux, Vaterlo, Sombref, Boignée, Balatre, la Chapelle, Saint-Lambert, Bruxelles, la Montagne de Fer* et *Louvain, Namur,* les hauteurs *de Tirlemont , Hui , Saint-Tron* et *Liège* *.

Les habitants de Liège s'étant joints aux Français pour chasser l'ennemi, ayant même été au devant pour leur proposer tous les secours nécessaires à la vie, il se retira sur une montagne à une demi-lieue de la ville, où il se retrancha formidablement au camp dit *la Chartreuse*. Il resta dans cette position plus de six semaines : il voulut brûler le faubourg, il en incendia une partie; mais Jourdan envoya un trompette pour prévenir les Autrichiens que s'ils continuaient à brûler le faubourg de Liège, il brûlerait à son tour tous les endroits où il passerait. Alors le feu cessa.

Les armées du Nord et de Sambre et Meuse n'étaient pas les seules victorieuses ; celles du Rhin et de la Moselle les égalaient, en proportion de leur force et de leur position. Celle du Rhin appuyée à ce fleuve ne pouvait parcourir que la rive gauche ; et elle prit de nouveau *Spire, Neustadt,* etc. (26 messidor). L'armée de la Moselle démembrée et recomposée, aux ordres de Moreaux, se signala comme les autres ; mais avant de détailler ces opérations, je dois dire que je quittai l'armée de Sambre et Meuse à Liège

---

* Dates de la prise des villes ci-dessus annoncées.

Ostende et plusieurs vaisseaux ennemis (13 messidor). *Tournai* (14 messidor). *Oudenarde* et *Gand,* quantité de fourrages et mu-

pour me rendre à celle de la Moselle, et je
n'eus pas le plaisir de voir la victoire remarquable qui chassa l'ennemi du camp de la Chartreuse près Liége.

L'armée devant Charleroi ayant pris le nom de
Sambre et Meuse, on réorganisa celle de la Moselle. Moreaux fut le général en chef ; et le directeur Dieudé, dont le mérite et le talent étaient
bien connus, fut nommé général commandant
en chef l'artillerie. Celui-ci s'occupa d'abord d'or-
ganiser son artillerie. Autorisé à nommer les
principaux employés, il me choisit pour être
conducteur général de l'artillerie : bientôt il
m'en adressa la nouvelle à l'armée de Sambre
et Meuse, avec un ordre des Représentants du

nitions (17 messidor). *Malines* (27 messidor). *Nieuport* (30 messidor). *Cassandria* (10 thermidor). *le Fort-l'Ecluse* (9 fructidor).

Dans toutes ces villes du Nord, on prit 326 pièces de canon,
et une quantité énorme de munitions, non compris les quatre villes
françaises reprises à l'ennemi, dans lesquelles on trouva beaucoup
plus de canons que lorsqu'elles étaient tombées au pouvoir de
l'ennemi.

Dans les villes ci-dessus prises par l'armée de Sambre et Meuse,
on remarque plusieurs grands combats ; un près de *Gembloux* où
il y a une superbe abbaye qui fut pillée et dévastée (13 messidor).
Un à *Vaterlo*, où l'ennemi fut mis en pleine déroute (13 messidor). Un autre à *Sombref* (18 et 19 messidor). *Bruxelles*, beaucoup de magasins (22 messidor). *Louvain*, ou la fameuse *Montagne
de Fer* (27 messidor.) *Namur*, où il y avait seulement 300 hommes.
de garnison, qui se rendirent au premier coup de canon (28 messidor) ; et le Château-Fort de cette place rasé par les Français.
Liège où les Français furent reçus fraternellement (9 messidor).

peuple de partir sur le champ pour me rendre à mon nouveau poste *.

Je partis de l'armée de Sambre et Meuse pour me rendre à celle de la Moselle ; je passai par

---

* A cette époque (2 fructidor) Belchamps le père sortit des prisons, où il était détenu depuis la malheureuse affaire de son fils, et par ordre du représentant Duquesnoi. Le général Verrières partageait ce triste sort ; tous deux étaient confondus avec une quantité prodigieuse de prisonniers immoraux et mauvais sujets. L'abus que l'on a fait tant de fois de l'*égalité*, les opprimait davantage. Suivre l'armée, tantôt à pied ou en charrette ; coucher sur un peu de paille, et réduit à une mauvaise nourriture ; telle était la triste position du général en chef de l'artillerie, et du chef des équipages. Ils ne durent leur liberté qu'à l'époque heureuse du 9 thermidor. Belchamps aurait pu trouver quelques ressources chez un homme parvenu à un grade supérieur, qu'il avait nourri pendant quelque temps, lui et sa famille, à Metz ; mais celui-ci ne rougit pas de le laisser dans l'embarras, et de lui refuser même un assignat de cinquante livres dans un besoin urgent. A peine fut-il libre, il lui offrit sa bourse et sa table. O mortels ! que souvent vous êtes ingrats et perfides.... Voilà cependant les hommes du siècle.... Et ce sont ces hommes que le hasard ou l'intrigue porte aux premières places.

On ne peut se dissimuler que Verrières fut la victime de l'ambition de quelques hommes, et que Belchamps le fut de son obstination à méconnaître un de ses chefs. Des plaintes portées contre lui au comité de Salut public qui gouvernait alors, ayant été renvoyées à Duquesnoi qui avait fait fusiller son fils, étaient plus que suffisantes pour le rendre *suspect*, le faire destituer et incarcérer. J'avoue que, quoique j'eusse le fortes raisons pour n'être pas bien avec Belchamps, son sort m'a souvent affecté ; je considérais sa vieillesse, ses cheveux blancs ; je n'oubliais pas qu'il avait été mon chef, je le plaignais sincèrement ; officiers et employés s'intéressaient autant à lui qu'au respectable Verrières ; chacun craignait qu'ils ne fussent victimes de la tyrannie : car, si on guillotinait à Paris, si on noyait et mitraillait dans ces belles contrées qui bordent la Loire, on fusillait fréquemment aux armées, toujours *au nom du peuple* et *pour le salut du peuple*.

Metz où je restai quelques jours, et je me rendis au grand parc d'artillerie qui était sous *Trèves*.

Peu de temps avant mon arrivée *Trèves* était tombé au pouvoir des Français (22 thermidor). D'après les notes certaines que je me suis procurées, l'ennemi ne fit pas grande résistance ; il abandonna cette fameuse *Montagne Verte* sans tirer un coup de canon. On attribua cette fuite des Autrichiens, à l'affaire sanglante qui eut lieu au pont de Vasserbillich à 3 lieues de Trèves (21 thermidor), où ils furent entièrement défaits. Ils furent tournés et surpris dans une forte redoute qui battait le pont; pendant qu'ils cherchaient à se sauver on les fusillait à bout portant. On assure que l'ennemi perdit à cette affaire plus de 300 hommes, non compris les blessés et les prisonniers. Arrivant près de Trèves je sentis dans mon âme une joie que je ne puis exprimer: je rentrais avec mes amis, je servais de nouveau sous les ordres du général Dieudé, dont je connaissais les sentiments et la pureté des intentions : le directeur du grand parc était un brave homme, plein de zèle pour son service, mais qui n'avait pas tous les moyens nécessaires pour commander en chef, qui méconnaissait la hiérarchie militaire, confondant ensemble toutes les autorités, voulant tout faire par lui-même et ne faisant rien. Que d'hommes qui lui ressemblent !

En arrivant sous Trèves, je vis plusieurs redoutes que l'ennemi avait été obligé d'abandon-

ner, je reconnus que partout les Français étaient
victorieux ; mais un de mes amis me dit que l'armée de la Moselle avait éprouvé un cruel échec
le 4 prairial précédent sous Kaiserlautern ; qu'on
avait perdu beaucoup de bagages d'artillerie, etc.
que peu d'hommes avaient été tués, mais qu'il y
avait beaucoup de prisonniers. Il ajouta que la déroute ne l'avait pas étonné, vu la supériorité des
forces de l'ennemi. Il est certain que l'armée de la
Moselle fut presque détruite pour renforcer celle
du Nord, et former celle de Sambre et Meuse.
Si on réfléchissait à la position de Kaiserlautern,
on serait effrayé de la quantité énorme des hommes qui ont péri dans ses environs : cette ville
a été le théâtre de la guerre depuis 1793 ; elle
à été prise et reprise tant de fois, qu'il est impossible de nombrer ce que les Prussiens, les Français et les Autrichiens ont perdu sous ses murs. Si
les Français éprouvèrent un échec sous Kaiserlautern, ils en furent bien dédommagés par les
conquêtes célèbres qu'ils firent cette année : les
armées du Nord, de Sambre et Meuse, de la Moselle, eurent les plus étonnants succès ; l'armée
du Rhin se signala aussi en prenant *Manheim*
défendue par une tête de pont formidablement
retranchée. (2.ᵉ jour complémentaire de l'an 2.ᵉ
septembre 1794).

Nous ne restâmes pas longtemps sous Trèves ;
pendant que l'armée de Sambre et Meuse s'emparait d'*Aix-la-Chapelle, Juliers, Cologne,*

que celle du Nord prenait *Crévecœur, Bois-le-Duc* et marchait sur la Hollande, l'armée de la Moselle sur deux colonnes se portait sur Mayence. *La colonne de gauche passa par *Birkenfeld, Oberstein, Kirn, Meisenheim* et *Bingen* : la droite par *Vithlich, Traerbach* et *Creutznach* : ces deux colonnes traversèrent des gorges impraticables ; elles emportèrent partout des redoutes formidables, en gravissant les montagnes, surmontant tous les obstacles, même les rigueurs de la saison. L'armée du Rhin de son côté, prenait tous les postes avantageux de l'ennemi, s'emparait de *Worms*, d'*Alzey*, et du poste important d'*Oppenheim* sur le Rhin. Enfin Mayence fut bloquée. Les Autrichiens furent pareillement obligés d'abandonner *Coblentz*, malgré que cette ville fût sous le canon de la for-

---

* Date de la prise des villes ci-dessus annoncées.

Aix-la-Chapelle (1er. vendémiaire an 3e.) *Juliers* (12 vendémiaire). *Cologne* (15 vendémiaire). *Crevecœur* (6 vendémiaire). *Bois-le-Duc* (21 vendémiaire). *Traerbach* (20 vendémiaire). *Coblentz* (2 brumaire).

Les autres villes et bourgs ci-dessus énoncés ne sont remarquables que par leur position avantageuse, et auprès desquels étaient des redoutes formidables ; on a surtout remarqué celles qui étaient placées sur les montagnes de Traerbach, qui paraissaient imprenables, et qui ont été abandonnées par l'ennemi, sans résistance. On peut dire que les Français, dans le mois de messidor an 2e, ont *moissonné* la Belgique ; et qu'au mois de vendémiaire au 3e, ils ont vendangé les électorats de *Trèves* et de *Cologne*, ainsi que le *Palatinat.*

D

teresse d'*Ereinbreistein*. Une division de l'armée
de la Moselle, aux ordres du général Taponnier, devait entrer dans *Coblentz*, mais il y eut
rivalité entre lui et le général Marceau qui
commandait une division de Sambre et Meuse:
celui-ci doubla sa marche, et entra dans la ville.
Cette activité de la part de Marceau, faillit établir entre les deux divisions une rixe qui n'eut
pas de suite par l'éloignement de la division
Taponnier.

Il restait encore sur la rive gauche du Rhin,
entre Mayence et Coblentz, la petite ville de
Saint-Gower, défendue par le Château-Fort
de Rhinfels, dans lequel il y avait douze cents
hommes de garnison, de l'artillerie et une quantité prodigieuse de munitions de guerre. Les
Français l'attaquèrent : les Autrichiens préfé-
rent l'évacuer (12 brumaire), plutôt que de le
défendre, et les Républicains y entrèrent sans
coup férir.

Partout l'ennemi, obligé de passer le Rhin,
laissa les Français maîtres de toute la rive gauche. Mayence était la seule place qui tenait sur
cette rive ; la saison était très-rigoureuse, et néanmoins les Français formèrent le projet de s'en
emparer : on mit tout en usage pour faire le
siège ; on fit des lignes formidables ; on baraqua les soldats, et on obligea l'ennemi à se retirer
dans la place.

On se rappellera aisément l'hiver de 1794.

L'histoire ne fournit pas d'exemple d'une constance égale à celle que les Républicains français
montrèrent dans cette circonstance. On les vit
braver sans murmures le froid, la faim, la misère
en tout genre. A moitié baraqués, ils allaient
chercher à deux lieues du camp, bois, paille, légumes, et souvent du pain. Les chevaux attachés
à la prolonge, ou renfermés dans de mauvaises
écuries, mouraient de faim ; les soldats presque
nus périssaient de froid ; en un mot, chaque jour
on trouvait hommes et chevaux morts autant de
froid que de misère. Auprès d'un tableau aussi
effrayant, on frémissait d'horreur en voyant des
fournisseurs insulter à la misère du soldat par un
luxe indécent ; en voyant un Représentant du
peuple voyager dans des berlines dorées, tenir
table ouverte et splendide, avoir un équipage
de chasse, et oser se présenter au camp après
un bon dîner, et dire avec fanfaronnade, *il
faut enlever telle redoute*. Hélas ! il connaissait bien la valeur des Français ; mais ne de-
vait-il pas être accablé de remords quand il
rentrait chez lui, en songeant que s'il avait
emporté à l'ennemi un poste (qui ne pouvait
accélérer la reddition de la place), il était teint
du sang de ses concitoyens, de ceux qu'il avait
l'honneur de représenter ; de ceux de qui il avait
juré de défendre les droits ; de ceux enfin, auprès desquels il était envoyé pour pourvoir à tous
leurs besoins ? Mais que pensait ce Représentant

lorsque , sortant d'un bon lit, entouré de vils courtisans, près d'un grand feu, d'une bonne table, on venait lui dire : *la troupe n'a pas de pain, elle est sans paille et sans bois ; on a trouvé plusieurs hommes morts de froid dans les lignes , etc. etc.*?......On ignore encore le nombre des hommes qui ont péri sous Mayence pendant l'hiver de 1794 ; mais on ne craint pas de dire que plus de quinze cents chevaux y sont morts autant de froid que de faim. Si la garnison de Mayence admirait le courage du soldat français, elle devait aussi considérer l'erreur du gouvernement qui se laissait conduire par quelques énergumènes dont l'ambition et l'orgueil consistaient à sacrifier leurs concitoyens, à s'enrichir , et à ruiner leur patrie.

Pendant que la plus forte partie de l'armée de la Moselle était sous Mayence, une colonne de dix-sept mille hommes marcha sur Luxembourg. La garnison de cette forteresse , composée de dix mille hommes , sortit ; et, après un combat assez opiniâtre aux environs de la forêt de *Granneval* (1er. frimaire), elle céda le champ de bataille , et se retira dans la place. Les habitants des environs de Luxembourg se désespéraient, et murmuraient hautement contre les Autrichiens. Ils furent au désespoir lorsqu'ils apprirent que douze mille colosses *, protégés

---

* On sait que les troupes allemandes sont composées d'hommes forts et robustes.

et soutenus par le canon d'une forteresse telle que Luxembourg, étaient rentrés dans la place comme des moutons, chassés par seize mille hommes environ, faibles et fatigués des marchés pénibles de leur dernière campagne. Néanmoins Luxembourg se trouva bloquée : on baraqua la troupe : on fit, comme devant Mayence, des lignes formidables, et on se prépara à en faire le siége suivant toutes les règles de l'art. Ainsi, les Français restèrent pendant un cruel hiver, sous *Mayence* et *Luxembourg*. Ils eurent assez de témérité pour entreprendre deux siéges dans une saison aussi rigoureuse. Mais Merlin de Thionville présidait à ces opérations.... Il voyageait dans de bonnes voitures, il avait des relais sur toutes les routes; les habitans du pays conquis se disputaient l'honneur de conduire avec leurs chevaux un Représentant du peuple français. Il se faisait annoncer dans les lieux où il devait s'arrêter ; une bonne table et tous les honneurs lui étaient décernés : souvent il était servi à table par les magistrats de la ville *en corps;* et si quelque pauvre militaire se plaignait de la rigueur de la saison, ou de ne pas avoir ce qui était nécessaire à ses besoins, bientôt il était traité *de mauvais citoyen.* Ainsi, il fallait gémir, souffrir et se taire....

Au milieu de toutes ces délices, Merlin éprouvait des désagréments : il était rivalisé par une autorité connue sous le nom d'*Agence*, laquelle était autorisée par le gouvernement à faire toutes espèces de réquisitions au profit de la République.....Mais, hélas! qu'eut la République de toutes ces spoliations? elle eut la douleur d'avoir vexé, ruiné de malheureux habitants; elle n'eut pas le quart des demandes faites sous son nom...

Un nommé *Kirschner*, ancien garçon menuisier, habitant du pays, était le chien de chasse du Représentant : il connaissait les localités et les ressources, et, sous le nom sacré de *salut public*, son maître ne manquait de rien. Il se trouvait quelquefois arrêté dans ses opérations par les chefs de l'Agence; mais le Représentant ordonnait, et l'Agence se taisait.....Elle se dédommageait d'un autre côté : vins, grains, sucres, cafés, bestiaux, draps, étoffes et denrées de toute espèce, lui convenaient. D'abord, elle vidait les boutiques, elle emmagasinait, elle disposait à son gré; ensuite elle mandait les marchands qu'elle avait dépouillés, et leur donnait le reçu de ce qu'elle desirait *. Osaient-ils se plaindre? on les accusait d'être ennemis du peuple français, on les arrêtait, et bientôt on les transférait dans l'intérieur de la France, où ils étaient détenus comme ôtages jusqu'à parfait paiement

---

* J'ai vu à Traerbach l'inspecteur de l'Agence enlever toute espèce de marchandises, sans dresser procès-verbal de la quantité, garder le tout dans ses mains pendant plus de huit jours, et dire ensuite aux marchands, *je n'ai reçu que cela de vous.*

de ce qu'on avait exigé d'eux, et de ce qu'ils étaient souvent dans l'impossibilité de payer.

Non-seulement cette Agence ruinait le commerce et détruisait l'industrie du pays, mais elle ôtait encore à ces malheureux habitans les moyens de l'existence. Je l'ai vue mettre en réquisition *vaches, beurre, poulets, oies, dindons, porcs,* etc. etc.....O Français qui avez commis de telles horreurs, que de remords ne devez-vous pas éprouver !

Pendant que l'armée de la Moselle contenait la garnison de Mayence et celle de Luxembourg, l'armée de Sambre et Meuse faisait le siége de Maestricht : onze jours de tranchée ouverte furent suffisants pour faire tomber au pouvoir des Républicains la clef de la Hollande, plus de 300 bouches à feu, et une quantité prodigieuse d'armes et de munitions de toute espèce (14 brumaire).

L'armée du Nord s'emparait de Nimègue (18 brumaire), et marchait aussi sur la Hollande; partout où elle se présentait, elle chassait l'ennemi. L'armée du Rhin, bornée par sa position, à cause de ce fleuve, ne pouvait être que sur la défensive. Le courage qu'elle montra dans différentes occasions, en enlevant à l'ennemi des postes importants, prouve que si elle eût eu de la latitude, et une carrière à parcourir comme les autres armées, elle s'en serait tirée aussi glorieusement. Parmi les généraux de cette armée, on a remarqué le courage, la sagesse et les talents de *Desaix :* son affabilité, sa modestie lui ont mérité l'estime générale de tous ses frères d'armes.

L'année 1794 tirait à sa fin. Pichegru la termina glorieusement, en s'emparant du fort Saint-André et de *Grave*. Cette dernière ville, très-forte et située dans le Brabant hollandais, donna à la France plus de cent bouches à feu, environ six cents chevaux, et fut le prélude de la conquête de la Hollande ; l'histoire ne nous fournit aucun exemple de conquêtes aussi multipliées que celles faites par les Républicains français, dans leur brillante campagne de 1794.

ANNÉE 1795 (an 3e. de la République).

Si Pichegru termina glorieusement l'année 1794, il recommença celle de 1795 par de nouvelles conquêtes. Les Hollandais craignaient l'invasion des Français : bientôt les écluses furent lâchées et les digues rompues ; mais la saison favorisa les Républicains ; toutes les eaux se convertirent en glace, et Pichegru en profita. L'armée du Nord, à ses ordres, conquit toute la Hollande à travers les glaces. En moins de deux mois, *Thiel, Heusdin, Utrecht, Amersfort, Gertruydenberg, Amsterdam, Gorcum, Dordrecht, Roses* *, en un mot toutes les Pro-

---

* 1.° 300 canons, 19 drapaux (22 nivose).
2.° 173 canons (24 nivose).

vinces-unies tombèrent au pouvoir des Français, ainsi que toutes les places fortes, et la plupart des vaisseaux de guerre. Enfin, Pichegru obligea la Hollande à faire la paix. Elle reconnut la République française; il y eut un traité d'alliance offensive et défensive entre ces deux puissances (27 floréal).

Le roi de Prusse, voyant qu'il n'y avait rien à faire contre les armes françaises, se détacha de la coalition, reconnut la République, et fit sa paix particulière avec elle (germinal, an 3e.) Se serait-on douté qu'un roi qui avait juré en 1792 de rétablir la monarchie en France, se fût détaché le premier de la coalition? La politique veut qu'on soit le plus fin, quand on n'est pas le plus fort.....

L'armée de la Moselle était divisée en deux parties; l'une était sous Mayence, et l'autre sous Luxembourg; ma destination fut au corps d'armée campé sous cette dernière place. Pendant que l'on travaillait aux lignes de circonvallation, on forma un parc de siège à *Frisange*, village situé entre *Thionville* et *Luxembourg*. Ce parc était commandé par le chef de bataillon (Degoix), offi-

---

3.º 4. 80 pièces de canons et les lignes de Greb (28 nivose).

5.º Prise de tous les forts (29 nivose).

6. 7. 8. Reddition de ces trois places avec toutes les bouches à feu et munitions de toute espèce (2 pluviose).

9. 60 canons (15 pluviose).

cier aussi estimable qu'instruit ; il avait pour adjoint le capitaine *Tugny*, dont les talents militaires sont connus par les officiers de son corps. Tous ceux qui servirent avec eux en firent le plus grand éloge.

Pendant les préparatifs du siége, le général Dieudé, qui commandait en chef l'artillerie, fit faire une coupe de bois pour les arsenaux de Metz et Thionville : quoique je fusse attaché au parc, il me chargea de surveiller cette opération, de façon que j'étais tantôt au parc de siège, tantôt à *Remich*, petite ville au duché de Luxembourg, près de laquelle était la forêt où cette coupe de bois devait s'opérer.

Ce ne fut pas sans de grandes difficultés qu'on obtint, des autorités constituées de Trèves, la permission de faire cette coupe dans le pays conquis : on surmonta tous les obstacles. Reconnaissance faite de la forêt, on trouva neuf cents pieds de chêne propres aux travaux des arsenaux, qui furent coupés. On mit tout en usage pour faire transporter ces corps d'arbres sur le bord de la Moselle, à l'effet d'en faciliter le transport à Metz et à Thionville. On invita l'administration des transports par eau, de se joindre à l'artillerie pour éviter les frais du chariage par terre, en ordonnant que tout bateau ou barque montant à vide chargeât des corps d'arbres ; mais *le superbe B. . . . .* était chef de la navigation *, et il n'y eut sorte d'obstacles qu'il n'apportât au transport de ces corps d'arbres par eau. Il en résulta que, malgré les soins qu'on apporta pour les rendre à leur destination, on fut obligé d'en faire charier plus de la moitié par terre, et par conséquent avec des frais énormes.

Je dois rendre justice aux habitants de Rémich, qui, dans cette occasion, donnèrent des preuves de leur zèle pour les intérêts de la République. On doit pareillement applaudir aux principes qui animaient un nommé *Seyler*, médecin, habitant cette petite ville. Il aimait les principes de la révolution française; mais il en détestait les abus et les horreurs. Il était doué d'un civisme pur, et il aurait voulu que tout Français, semblable aux Romains, eût, préalablement à lui-même, servi son pays. Où sont les hommes de cette trempe, dans le siècle où nous vivons?...

Toutes les places fortes du Nord, la *Hollande*, les *Pays-Bas*, le *Palatinat*, et les *Elec-*

---

* Je ne sais ce qu'était B** avant la guerre ; tout ce que j'ai vu, c'est qu'il était, en 1793, inspecteur des équipages d'artillerie dans une entreprise de *Caramette* et *Boursaut;* qu'il a continué d'être inspecteur général de la navigation de Sarre et Moselle. Ce que j'ai vu, c'est qu'il a montré peu de zèle pour la chose publique, et je pourrais donner la preuve de ce que j'avance. Au reste je pense qu'il est inutile d'entrer dans les détails.... Pauvre République! comme tu es servie en mettant de pareils hommes dans les premières places !

torats de Cologne, Trève et Mayence (excepté
cette dernière ville), étant au pouvoir des Républicains, les armées françaises ne firent pas de
grands mouvements l'an 3ᵉ (1795).

Le siège de Luxembourg se poussa avec activité. Les Autrichiens eurent là complaisance de
laisser faire aux Français des batteries desquelles on pouvait incendier la ville : un général
français fut assez généreux pour rendre le change
à son ennemi, en lui permettant de faire hors
de la ville une redoute qui couvrait la forteresse
sur le chemin de Trèves. On assure que *Bender*,
général commandant Luxembourg, étant vieux
et malade, fut quelque temps sans sortir ; qu'un
jour en se promenant, il remarqua les ouvrages des Français ; qu'il fut très étonné qu'on les
eût laissé faire, et qu'il en fit de très-vifs reproches au général Schneder qui commandait après
lui. On assure encore que dans un conseil militaire tenu chez *Bender,* un ingénieur s'éleva
fortement contre Schneder, lui reprocha qu'il
avait défendu à ses canonniers de tirer sur les
Français, et déclara que ceux-ci pourraient
brûler la ville s'ils le voulaient. Les membres
du conseil ne furent pas du même avis (sans
doute pour faire leur cour au général) ; mais
quelques jours après, plusieurs bombes et obus
étant tombées au milieu de la ville, MM. du
conseil crurent à l'avis de l'ingénieur, et *Bender*
qui pareillement l'avait dédaigné le regarda

comme son plus fidèle ami. *Cette conduite du général Schneder donna lieu à plusieurs versions sur son compte : les uns disaient qu'il songeait à se retirer en Allemagne, d'autres pensaient qu'il voulait livrer la ville aux Français : la première version paraissait la plus vraisemblable, car la garnison de Luxembourg se trouvant livrée à ses propres forces, ayant fait quelques sorties qui n'avaient pas été heureuses, ne pouvant d'ailleurs espérer de secours, devait croire que tôt ou tard elle tomberait au pouvoir de l'ennemi qui l'assiégeait.

Le général Moreaux, qui commandait en chef, connaissait la position de son ennemi, et il espérait bien entrer en vainqueur dans une des plus fortes places de l'Europe, qu'il avait cernée avec environ dix-sept mille hommes ; mais la mort qui rompt tous les projets, enleva à la République un brave militaire, un général aussi modeste que généreux. En un mot, Moreaux tomba malade sous Luxembourg : il ne voulait néanmoins pas quitter son poste ; mais étant fort mal on le décida à partir pour Thionville, et quelques jours après il mourut, regretté de tous ceux qui le connaissaient.

Le général de division (Ambert) le remplaça ; il commanda en chef provisoirement : il espé-

* Je tiens ce fait d'un habitant de Luxembourg, homme respectable et bien digne de foi.

rait jouir de la gloire qui était réservée à Moreaux,
en recevant de l'ennemi la place de Luxembourg, mais il eut de vaines espérances ; il reçut
ordre de partir pour le haut Rhin, avec son
armée, lorsque celle de Sambre et Meuse serait arrivée pour le remplacer : bientôt celle-ci
arriva, et Ambert partit en effet pour sa nouvelle
destination.

Le moment de ce départ faillit causer une
rixe violente entre cette partie de l'armée de
la Moselle, et celle de Sambre et Meuse qui venait la relever : loin que celle-ci se présentât avec
le ton de la fraternité, elle montra de la pré-
somption, en disant : *bientôt Luxembourg sera
à nous.* Il semblait que rien ne pût résister
à cette armée qui avait fait l'immortelle campagne de l'an 2.ᵉ (1794). Mais cette armée devait-
elle oublier qu'elle était composée de Français
comme celle de la Moselle, et que, bien plus,
c'était à celle-ci qu'elle devait sa formation?

En effet, l'armée de la Moselle, qui ne prit
ce nom qu'en quittant celui du *centre* qu'elle
avait, n'était-elle pas une des plus belles armées
de la république en 1792?

Mais en 1793 on lui avait ôté quinze mille de
ses bonnes troupes pour aller secourir l'armée du
Nord.

Au commencement de 1794 elle fut démembrée de nouveau, en fournissant ses quatre meilleures divisions pour composer l'armée de Sambre

et Meuse. Et ne sont-ce pas ces quatre divisions qui ont pris *Charleroy*, et gagné la bataille de Fleurus? bataille qui a décidé du sort de la France. L'armée de la Moselle démembrée, on la réorganise avec des troupes de la Vendée : elle chasse l'ennemi outre Rhin, contient la forte garnison de Mayence, et bloque Luxembourg : elle passe l'hiver le plus rigoureux sous ces deux forteresses; au moment où elle doit jouir du fruit de ses travaux, on dédaigne ses peines et ses fatigues, et on accorde toute la gloire à une autre armée. Sans doute on ne peut qu'accuser le gouvernement *de ce temps-là,* d'une telle injustice : et les Français composant les différentes armées seraient bien dupes de leur zèle, s'ils attachaient de l'importance à ces mouvements qui souvent sont nécessités par les circonstances, et qui quelquefois ne sont que le fruit de la faveur ou de l'intrigue.

Enfin Hatry, général commandant le corps de Sambre et Meuse, arriva sous Luxembourg, et Ambert partit avec la partie de l'armée de la Moselle qu'il commandait. L'artillerie de cette armée resta dans ses positions, et elle eut au moins la gloire de jouir du fruit de ses travaux.

Dans la garnison de Luxembourg il y avait deux bataillons de troupes Belges qui génissaient et se plaignaient hautement d'être enfermés dans la place : lorsque quelques-uns d'eux

étaient placés aux avants-postes, ils désertaient,
ce qui obligeait les chefs de les garder dans l'intérieur : les vivres commençaient à manquer, le
général Bender n'espérant aucun secours, et ne
voulant pas réduire la garnison et la bourgeoisie
à la dernière extrémité, proposa le 1.er juin 1795,
une capitulation qui fut rédigée et acceptée
par le général *Hatry*.

Les Autrichiens pensaient bien que la garnison de Luxembourg attendait des secours, ils
tentèrent de lui en porter. Le 11 prairial (fin
de mai 1795), la garnison de Mayence fit une
sortie, et tâcha de prendre nos lignes; elle vint
jusqu'à portée de canon à mitraille, qui renversa les assiégeants, et les obligea de rentrer
dans la place. Pendant que la garnison faisait
cette sortie, une autre colonne tenta de passer
le Rhin à Bobenheim, à deux lieues au dessous
de Cassel. La tentative ne fut pas plus heureuse :
le canon français renversa plusieurs barques, et
le fleuve servit de tombeau à un assez grand
nombre de victimes de l'autorité. Cette journée
eût été couronnée de lauriers, si quelques im-
prudents, enorgueillis de leurs premiers succès,
n'eussent pas voulu prendre, *après le dîner,*
une redoute faite par les Autrichiens, dans un
endroit appelé *le Plateau.* L'ennemi étoit bien
retranché, il avait plusieurs pièces bien servies : il
nous moissonna dans cette affaire près d'un bataillon. Ici, ce n'était point les coups d'autorité,

mais l'ivresse de l'enthousiasme...Néanmoins, les vues de l'ennemi ne furent pas remplies, et la forteresse de Luxembourg ne reçut point de secours.

Le 17 prairial (5 juin), les Français entrent dans cette ville. La garnison sort, drapeaux déployés, tambour battants, et rend les armes sur les glacis. On remarqua que plusieurs cavaliers et fantassins étaient désespérés de la reddition de la place; les uns jetaient leurs armes à terre, les autres ne voulaient pas remettre leurs chevaux; enfin, on assure qu'une partie de la cavalerie proposa au général Bender de se battre sur les glacis, assurant qu'ils préféraient de périr que de se rendre. On leur représenta que ce serait compromettre l'honneur de leur chef qui avait signé une capitulation, et ils ne cédèrent que par respect pour lui.

On remarqua encore que la plus grande partie des deux bataillons belges ne suivit pas la destination de la garnison : soldats et officiers sortirent des rangs et se sauvèrent en foule, sans qu'il fût possible de les arrêter. On pense que chacun rentra dans la Belgique, qui était déja conquise par la France.

Le représentant Merlin fit son entrée dans la ville où il était très-connu *. Tous les corps furent lui rendre hommage. Plusieurs membres ne

---

* Merlin est natif de Thionville, qui n'est qu'à sept lieues de Luxembourg.

E

furent pas satisfaits de son accueil : ils savaient
bien que le caractère d'un Représentant est plus
éminent que celui d'un petit avocat ; mais ils espé-
raient trouver dans Merlin un appui et un protecteur. Ils se trompèrent : il reçut les députations
avec dureté et orgueil. Il outragea les députations
ecclésiastiques par des plaisanteries et des sar-
casmes sur leur état et leur costume. Enfin, le
bien que Merlin fit aux Luxembourgeois , *ses*
voisins, ce fut d'exiger, dans le plus court délai, le paiement d'une très-forte contribution.
De nouvelles députations eurent lieu : ceux qui
les composaient portèrent *leurs nouvelles repré-*
sentations aux pieds de la Représentation natio-
nale de France. Ils trouvèrent Merlin inexora-
ble ; ils furent plus satisfaits du représentant Jou-
bert qui les écouta, et leur promit d'envoyer leur
requête au gouvernement.

Quelques jours après la reddition de la place,
Merlin voulut dédommager les Luxembourgeois ;
il fit afficher : *Dimanche, tel jour du mois, la*
garnison donnera un bal aux habitants de la
ville... Ceux-ci, accablés de douleur, regar-
dèrent cette invitation comme une nouvelle vexation ; mais, dans la crainte de paraître *sus-*
pects, il fallut se préparer au bal avec le cœur
gonflé de chagrin, et les yeux noyés de larmes.

Le moment du bal arrivé, toute la garnison
se porta dans la grande salle de l'hôtel-de-ville
où l'on devait danser. Lorsque la bourgeoisie se

présenta, elle ne put entrer faute de place. Merlin, averti de cette confusion, sy rendit. Il cria,
fulmina, reprocha aux sentinelles de n'avoir pas
fait leur devoir, et d'avoir laissé entrer tout le
monde indistinctement. Arrivé dans l'intérieur
de la salle, il redoubla ses cris, et voulut se
servir de son autorité pour faire sortir la troupe ;
un sergent de grenadiers se présenta, et lui dit :

« Représentant, nous sommes de la garnison ;
« vous avez annoncé que c'était elle qui donnait
« bal. Au surplus, ce n'est pas le représentant
« Merlin qui a pris Luxembourg, c'est le soldat
« français... »

Ces paroles, proférées à haute voix, reçurent
les applaudissements de la garnison et ceux des
spectateurs ; le Représentant fut plaisanté, poussé
par l'un, rejeté par l'autre ; enfin insulté et obligé
de sortir. Ce mouvement fournit un prétexte
spécieux à la plupart des bourgeoises de Luxembourg pour ne point assister au bal, et le Représentant n'eut point de reproches à leur faire.

La forteresse de Luxembourg rendue à la
France, la garnison prisonnière sur parole et
renvoyée au-delà du Rhin, les Républicains n'eurent plus que Mayence à prendre pour être maîtres de toute la rive gauche de ce fleuve. Afin
d'y réussir plus efficacement, l'armée de Sambre et Meuse passa le Rhin, et prit Dusseldorff, le   L'ennemi,
déconcerté d'avoir perdu une de ses places for-

tes sur la rive droite du Rhin, se retira précipitamment sur *Cassel* et *Mayence,* et de suite
au-delà du Mein. Si, à cette époque, l'armée de
Sambre et Meuse eût agi de concert avec celle du
Rhin, qu'elle eût eu la précaution de se procurer
des bateaux, elle aurait profité de la déroute de
l'ennemi, elle aurait passé le Mein, fait sa jonction avec l'armée du Rhin qui était à Manheim,
et Mayence tombait de suite au pouvoir des
Français. Mais on assure qu'il y eut rivalité entre les généraux *Jourdan* et *Pichegru;* que celui-ci s'offensa de ce que l'autre avait l'ordre du
gouvernement d'entrer dans Mayence, et qu'il
ne fit pas toutes les dispositions militaires pour
faire sa jonction avec Sambre et Meuse. Si cela
est vrai, on peut dire que des passions particulières ont fait manquer une opération qui pouvait
faire la paix, épargner le sang humain, et donner le repos à l'Europe entière. Mais ce serait rendre peu de justice au vainqueur de la Hollande.

Les officiers généraux et employés supérieurs
de l'artillerie de l'armée de la Moselle, qui
étaient restés sous Luxembourg, rejoignirent
l'armée sous Mayence. Je restai quelque temps
à Thionville, pour faire rentrer le parc de siège
dans cette place, et ensuite je me rendis au parc
central de l'artillerie placé à *Bobenheim,* village entre *Bingen* et *Alzey.* Le quartier général
de ce corps d'armée était à *Oberingelheim.* Quoique l'armée sous Mayence fût aux ordres du

général en chef de l'armée du Rhin (Pichegru),
elle avait des chefs directs qui la commandaient.
Schall commandait en chef; *Dieudé* était le général de l'artillerie, et j'eus de nouveau le plaisir
de voir l'armée de la Moselle réunie, tant dans
les chefs que dans les employés supérieurs des
administrations.

Le directeur du grand parc était un chef de
bataillon (Vauxmoret), ancien officier, quoique
jeune, qui par son affabilité a toujours conservé
l'amitié de ses camarades et l'estime de tous
ceux qui ont servi sous ses ordres. M'étant trouvé
à plusieurs affaires avec lui, j'eus occasion d'apprécier sa bravoure et son zèle, et je fus satisfait
de servir de nouveau avec lui.

Les Français ayant resté sous Mayence pendant l'hiver rigoureux de 1794, on présumait
qu'au printemps de 1795 on presserait le siège
de cette place; mais on se trompa: on passa tout
l'été à ne rien faire; et, vers le mois de septembre, on se disposa à l'assiéger. Mais comment
pouvait-on y parvenir? le temps était pluvieux,
les chemins mauvais; les chevaux mouraient
de faim (quoiqu'il y eût des magasins pleins de
fourrages à *Messcinheim*, *Kirn*, *Tollet*, *Deux-
Ponts* et *Hautweiller*); enfin, les moyens de
transports manquaient : cependant, avec les
réquisitions en chevaux du pays, on parvint à
composer un équipage de siège. On résolut de
brûler Mayence; et, suivant quelques rapports

certains qu'on eut à cette époque, on sut que
la garnison se voyant bloquée, et manquant de
différentes denrées, était décidée à se rendre au
premier bombardement.

Le 21 vendémiaire de l'an 4ᵉ (toujours 1795),
l'armée de Sambre et Meuse fut tournée par
l'ennemi, qui passa sur le territoire de la Prusse *; elle fut obligée de battre en retraite, et
d'abandonner le point important de Cassel. J'é-
tais à Eifeldt, petite ville sur la rive droite du
Rhin, avec plusieurs officiers d'artillerie, lorsqu'on vint nous dire que nous étions cernés.
Aussitôt arriva un ordre du général Français
pour faire passer, dans le plus court délai, toutes
les munitions d'artillerie sur la rive gauche;
tous les bras des habitants, les barques qui
étaient sur la rive du fleuve, furent employés,
et on en sauva la plus grande partie.

On croirait sans doute que l'armée de Sambre
et Meuse étant obligée de battre en retraite, on
dût se garder davantage sur la rive gauche,
pour empêcher la garnison de Mayence de faire
une sortie. Eh bien ! point du tout; on fit d'abord
évacuer le parc de siège sur Alzey, et on ôta de
la ligne plusieurs pièces de position. Cette der-

---

* Quelques politiques blâmèrent les Autrichiens d'avoir passé
sur un pays neutre pour cerner leur ennemi ; c'est une adresse de
leur part. On doit plutôt reprocher à la Prusse de n'avoir pas mis
des forces suffisantes pour faire respecter la neutralité, et assurer
l'exécution de son traité avec la France.

nière opération, ordonnée par le général de division *Renaud*, parut fort ridicule à tout le monde, et principalement au général de brigade (Dieudé), qui commandait l'artillerie; il s'en plaignit au général en chef (Schall), mais l'évacuation continua. Sans doute on ne voulut pas convenir qu'un général de brigade pouvait voir mieux qu'un général de division.....

L'ennemi, qui n'ignorait pas tous ces mouvements, tenta le passage du Rhin dans les environs de Bingen, la nuit du 24 vendémiaire. Son intention était de surprendre le quartier général qui était à Obéringelheim, et de prendre les lignes par derrière. Cette tentative ne lui fut pas heureuse; trois ou quatre cents hommes environ qui avaient eu la hardiesse de passer le fleuve dans des barques, furent partie tués, partie noyés; tous ceux qui devaient les suivre restèrent sur la rive droite.

Cette attaque fit faire des réflexions aux généraux français. On ordonna de faire revenir les pièces de position qu'on avait mal à propos envoyées à Alzey; mais, comme je l'ai déjà dit, les chemins étant mauvais, les chevaux mourant de faim, ce transport ne s'effectua pas aussi promptement qu'on le désirait; néanmoins on était loin de penser que, peu de jours après, on serait forcé dans ses lignes, et obligé de battre en retraite.

Le 7 brumaire an 4ᵉ (29 octobre 1795), l'ennemi passa le Rhin à la pointe du jour, près *Op-penheim*, et il surprit les lignes par derrière. Le général Courtaux qui commandait ce poste im-portant, fut-il coupable d'ineptie ou de malveil-lance ? c'est ce que j'ignore. Ce qu'il y a de cer-tain, c'est qu'il en résulta une grande perte pour la République : cinquante hussards ennemis prirent des lignes que soixante mille hommes n'auraient pu enlever dans un combat en règle ; et Cour-taux en fut quitte pour trois mois de détention.

Cette fuite précipitée à laquelle on donna le nom de *retraite*, méritait mieux celui de *déroute complète*. Dès l'instant que les lignes furent pri-ses, toute l'armée perdit courage ; chacun se di-sait : *Sauvons-nous... Nous sommes perdus...* Les chefs subalternes des différentes armes ne reçurent aucun ordre : chacun commandait, personne n'obéissait ; enfin le désordre fut à son comble. Le général d'artillerie, qui aurait dû recevoir des ordres du général en chef, n'en en-tendit pas parler. Il monta à cheval à sept heu-res du matin, avec son adjoint *Marmont*, officier d'un mérite rare, et qui sert avec distinction * ; ils furent jusqu'à la *Maison de Chasse* près les lignes où ils faillirent être faits prisonniers. Un de leurs ordonnances fut pris, et Marmont n'é-chappa qu'en se battant avec l'ennemi.

---

* Les feuilles périodiques qui ont parlé des succès de l'armée d'Italie ont souvent fait l'éloge de Marmont, qui a passé à cette armée, après la retraite de Mayence.

Le général *Dieudé* voyant l'armée dispersée, sans espoir de la rallier, ne trouvant point le général *Schall*, voyant que quelques parcs de l'avant-garde étaient *sautés* sans qu'il en eût donné l'ordre, il rentra au parc central vers les dix heures du matin; il trouva le parc entier, et composé de deux cent soixante voitures, y compris six bouches à feu de divers calibres. Il s'entoura de plusieurs officiers d'artillerie, notamment.du chef de l'état-major et du directeur du parc, ensuite on tint conseil sur le parti qu'on pouvait prendre.

L'armée fuyait sans chefs, pillant et se livrant à tous les excès. Une seule demi-brigade passa en ordre; elle était commandée par un général qui, je crois, se nommait *Girardot*. Dieudé l'accosta, lui représenta de rester au parc pour le défendre jusqu'à la dernière extrémité; il répondit qu'*il avait des ordres pour se porter sur les derrières.* Le parc central tout à fait abandonné, faisant l'arrière-garde de l'armée, ne pouvait qu'être pris ou brûlé. Dieudé demanda combien on avait de chevaux; il en restait *dix-sept* pour enlever deux cent soixante voitures. Si les chefs des équipages fussent restés à leur poste dans les différentes divisions, et qu'ils eussent ramené leurs chevaux au parc central, lorsque ceux des divisions furent brûlés, on aurait sauvé ce grand parc; mais chacun se sauva de part et d'autre, les chefs abandonnèrent leurs charretiers, ceux-ci prirent la fuite avec leurs chevaux, et le parc resta à la barbe de l'ennemi. Si encore le général Girardot, avec sa demi-brigade, eût couvert le parc qui était placé derrière la *Seltz*, on aurait pu mettre en batterie quelques pièces de canon, et l'ennemi aurait encore souffert avant de pouvoir passer la rivière. Tout-à-fait abandonné et sans espoir de secours, on décida de faire sauter le parc, au moment où l'ennemi voudrait s'en emparer. L'ordre donné, les dispositions prises, on vit arriver un aide-de-camp du général *Schall* qui venait dire à Dieudé de prendre ce parti. En effet, à quatre heures du soir, l'ennemi vint en force pour s'emparer du parc; mais il n'en eut que les débris et le plaisir de le voir sauter en l'air.

En prenant les bœufs et chevaux du village, nous avions réuni quarante bêtes de trait, ce qui avait attelé sept voitures, dont une pièce du calibre de 12 et une de celui de 4. Nous nous retirâmes à Bretzenheim, derrière la *Nah*, où nous avions un grand dépôt d'artillerie. L'intention du général Dieudé était d'y rester pour attendre des ordres du général en chef; et, à cet effet, il donna ordre de braquer une pièce de canon à la tête du pont. A onze heures du soir, on sut que l'ennemi était à Bengen, qu'il marchait sur nous; la position n'étant pas militaire, on jugea à propos de se retirer. On aurait pu faire *sauter* le dépôt d'artillerie; mais, comme c'était le seul qui restât dans les environs de Mayence, on pensait qu'en ralliant la troupe il pourrait servir à repousser l'ennemi, et qu'il n'en profiterait pas; alors on le laissa.

Il était environ minuit lorsque nous quittâmes Bretzeinheim. Au moment de partir, je rencontrai un jeune homme avec une voiture fortement chargée, qui me demanda si on pouvait coucher là en sûreté. Je le pris d'abord pour un conducteur; je sus bientôt que c'était l'homme de confiance d'un général, dont on ne voulut pas me dire le nom, qui conduisait cette voiture à sa destination.....

Pendant que le général Dieudé cherchait les moyens de sauver son parc central et son dépôt de Bretzeinheim, l'ennemi prenait le dépôt d'Alzey, où on avait fait évacuer le parc de siége, et qu'il était impossible de sauver par la pénurie des chevaux. Alors toute communication fut interrompue entre le général *Schall* et le général Dieudé. L'ennemi ayant pris Alzey, il fallut abandonner cette route et marcher sur *Kirn*. Arrivés dans cette petite ville, nous trouvâmes beaucoup de chevaux, caissons, et autres objets d'artillerie, qui s'étaient réunis. Dieudé envoya des ordonnances à la découverte; on lui rendit compte que l'ennemi marchait sur *Kaiserlautern* et sur *Kirn;* il fallut prendre les gorges d'*Oberstheim*, et se diriger sur *Sarrelouis* ou *Sarrebruck*. Cette dernière ville étant du pays conquis, on pensa qu'il était plus sage de s'y rendre plutôt qu'à *Sarrelouis*, parce qu'on ne rentrait pas en France, et que de ce point on pouvait se porter facilement sur *Hombourg-la-Forteresse* et *Deux-Ponts*, pour fournir des munitions à l'armée, dans le cas où elle aurait été chassée de Kaiserlautern. Comme nous avions réuni plusieurs voitures, environ deux cents chevaux, il était prudent de se porter sur les derrières plutôt que de s'exposer à se faire prendre. Arrivés à Sarrebruck, le directeur Vauxmoret envoya en diligence à Metz chercher les munitions de divers calibre qui lui manquaient. Les cartouches d'infanterie qu'il demanda, arrivées assez tôt, rendirent de grands services à l'armée qui se rallia et opéra sa jonction avec celle du Rhin.

Par cette malheureuse déroute, l'armée du Rhin fut obligée de se retirer; mais elle fit une belle retraite. Pichegru déploya tous ses talents militaires; néanmoins il ne put empêcher les succès de l'ennemi. *Manheim* fut bloqué le 21 brumaire an 4ᵉ (12 novembre 1795). La garnison se défendit vigoureusement jusqu'au 1ᵉʳ frimaire, où elle fut obligée de capituler. Le 2 l'ennemi prit possession de la ville; le 3 la garnison sortit avec les honneurs de la guerre, déposa les armes hors la ville, et fut faite prisonnière. Ce qui parut étonnant à tous ceux qui connaissaient la position des armées, ce fut une belle affiche placardée au coin des rues de Metz,

par ordre de Merlin de Thionville, par laquelle
on disait que dix mille Autrichiens étaient dans
les fossés de Manheim, et que les Français avaient
vaincu partout l'ennemi.....

L'armée de la Moselle s'étant ralliée, elle
opéra sa jonction avec celle du Rhin; elle occupa *Hombourg*, *Deux-Ponts*, *Hornebach*,
Pirmessens et *Anweiller*. L'armée du Rhin oc-
cupant *Neustadt*, Landau se trouvait couvert,
et l'ennemi ne pouvait obtenir des succès ultérieurs. La saison s'avançait, les parties belligérantes désiraient le repos; on proposa une armistice, elle fut acceptée le 4 nivose an 4ᵉ (25
décembre 1795), et chaque armée entra en cantonnement.

La réunion des deux armées me porta à celle
du Rhin, qui prit le nom de *Rhin* et *Moselle*. On
aurait peine à croire de quelle manière furent
reçus à l'armée du Rhin ceux qui sortaient de
sous *Mayence :* officiers supérieurs et inférieurs,
employés, chefs et subalternes, tous étaient re-
gardés d'un mauvais œil, et on semblait les accuser ou de *trahison*, ou de *lâcheté*. Un officier général se permit d'écrire à un officier supérieur de l'artillerie, *qu'il s'était sauvé devant
Mayence*. Celui-ci prit la lettre avec fierté; il
écrivit à son chef la lettre la plus détaillée, appuyée de pièces justificatives sur sa conduite; il
lui dit avec fermeté, *qu'un chef qui se sauvait
était coupable, et devait être livré à un tribunal.*

Qu'en un mot, il exigeait un conseil militaire pour le juger, ou que la lettre qui lui avait été écrite fût biffée de dessus les registres de correspondance.

Le général sentit la conséquence de cette demande. Il reconnut qu'il avait été trompé, et il rendit toute sa confiance à celui qui d'abord avait été jugé défavorablement. Sans doute il y eût des hommes coupables de la retraite de Mayence; mais ce n'étaient pas les officiers subalternes, plusieurs généraux même en gémissaient. Eh! que pouvaient-ils faire? La misère des soldats était à son comble; ils avaient déja passé sous cette place un cruel hiver: ils étaient nu-pieds, sans vêtements; ils étaient obligés d'aller dans la campagne chercher des *pommes de terre* et autres légumes pour vivre; les chiens refusaient le pain qu'on offrait à ces braves défenseurs de la patrie, et ils n'ignoraient pas que les quartiers généraux regorgeaient de tout; que tous les jours on faisait des réquisitions dans le pays pour les tables d'une infinité d'êtres inutiles, tandis que le soldat languissait. Les chevaux de transports périssaient de faim; et, si dans une semaine on leur délivrait une fois ou deux des fourrages, c'était lorsque tous les chevaux de luxe étaient servis abondamment. Mais croirait-on qu'au sein d'une misère effroyable tous les magasins étaient pleins? croirait-on qu'à la retraite on a vu le magasin des effets militaires, à *Alzey*, pillé par nos soldats qui y ont trouvé bas, souliers, vêtements de toute espèce? croirait-on que sur les chemins on trouvait des sacs de riz, farines, blés, etc.? croirait-on qu'à *Kirn* un magasin d'avoine fut vendu pour ne pas le laisser à l'ennemi? croirait-on que les magasins de *Deux-Ponts*, *Ottweiller* * et *Tollet* (bien garnis), tombèrent au pouvoir de l'ennemi? croirait-on enfin, d'après ces détails qui sont notoirement connus, qu'il y eût un Représentant du peuple à l'armée sous Mayence ?...

Maintenant, qu'on s'étonne de cette retraite! Il est possible qu'il y ait eu de l'ineptie ou de la malveillance ; mais la misère du soldat a beaucoup contribué à cette malheureuse affaire ; et si les chefs qui étaient sous Mayence eussent amélioré le sort de la troupe, qu'ils eussent tenté de brûler la ville dans le mois de vendémiaire an 4e, comme on en avait conçu le projet, la place était à la France, la paix était faite, l'Europe était tranquille, et le sang français n'eût pas coulé de nouveau. Mais il y a tant de gens qui sont intéressés à la prolongation de la guerre! qui, loin d'en partager les peines et les malheurs, ne la désirent que pour *pêcher à l'eau trouble*, s'enrichir et ruiner l'état ! On a vu des hommes

---

* Le garde-magasin des fourrages à Ottweiller m'a refusé de l'avoine pour deux cents chevaux qu'on avait ralliés dans les environs de *Kirn*, parce que nous n'avions pas de commissaire des guerres avec nous. Le lendemain le magasin fut pris par l'ennemi.....

prêcher, du sein de leurs comités, *la guerre, la guerre*... mais ils auraient été bien fâchés d'en partager les fatigues. Hélas ! quels sont les fléaux de la guerre ? souvent *la peste* et la *famine*.

La famine, parce qu'un grand nombre d'hommes réunis dans une contrée , consomment beaucoup plus qu'elle ne produit ; que les moyens de transports manquent , soit par les mauvais chemins, soit par la pénurie des bêtes de somme ou de trait : ajoutons à cela l'égoïsme des fournisseurs , les dilapidations dans la manutention des denrées, l'ineptie de beaucoup d'hommes que les circonstances obligent d'occuper, en voilà suffisamment pour engendrer la famine.

La peste. Combien d'hommes et de chevaux périssent par la guerre ! Souvent on n'a pas le temps de les faire enterrer, on les met à deux ou trois pieds de terre ; il n'est pas étonnant que l'air soit empesté , et que les exhalaisons répandent la peste dans les contrées où la guerre réside longtemps.

Mais à quels autres malheurs entraîne encore la guerre ?

Dans l'hiver la guerre incendie les forêts , elle détruit les haies, les palissades, démolit les maisons , renverse les arbres fruitiers , et ceux propres à la construction , (il faut tant de temps pour avoir un bel arbre !) enfin , elle ne respecte aucune propriété pour soulager la troupe qui souffre des rigueurs de la saison.

La guerre tue l'agriculture, le commerce et les arts ; elle emploie des milliers de bras qui seraient très-utiles à la culture, et dans les ateliers de diverses espèces. Sans la guerre, les manufactures ne seraient pas aussi abandonnées ; car l'or que l'on dépense pour la guerre ferait fleurir le commerce et les arts, et rendrait les peuples heureux.

Depuis cinq ans la guerre, tant intérieure qu'extérieure, a moissonné plus d'un million d'hommes. O vous, vieillards languissans ! où sont vos enfans sur lesquels vous comptiez pour soutenir le poids de votre vieillesse ? Mères infortunées ! à quoi ont servi tous les soins que vous avez apportés pour nourrir tendrement ceux à qui vous avez donné le jour ? A peine ont-ils été élevés, qu'un généreux dévouement les a arrachés de vos bras ; vos entrailles se sont émues, vos larmes ont coulé, et l'amour de la patrie l'a emporté sur la tendresse filiale. O ma patrie ! puisses-tu être un jour heureuse !... et distinguer ceux qui t'ont servi loyalement, d'avec ceux qui n'ont servi la cause de la liberté que pour assouvir leur ambition, leur égoïsme et leurs vengeances ; qui ont fait la révolution, non pas pour leur patrie, mais pour eux-mêmes ; qui ont provoqué la guerre, et qui ne l'ont jamais faite ; qui ont crié *à la liberté*, et qui étoient des despotes forcenés ; qui ont sans cesse

F

proclamé les mœurs et la vertu, et qui se sont couverts d'opprobres et d'ignominie.

Souvent la guerre rend les hommes immoraux et sanguinaires : habitués à se battre et à se tuer, ceux qui ne sont pas doués de sentimens humains et vertueux, considèrent la vie d'un homme comme peu de chose ; et si à la paix on n'établit pas une police sévère, on verra des individus se détacher des corps, et, pour se soustraire à la subordination, se livrer à tous les excès du brigandage.

Enfin, la guerre fait dégénérer l'espèce humaine ; car que verra-t-on à la suite de la guerre ? des spectres hideux, parcourant les villes et les campagnes, offrir à la vue de leurs concitoyens leurs corps couverts de blessures, et privés, la plupart, de quelques-uns de leurs membres ; en un mot, pâles et languissans, rongés de douleurs et rhumatismes causés par les bivouacs et l'intempérie des saisons. Quelle sera la constitution corporelle des descendans de ces hommes, qui ont éprouvé tous les fléaux de la guerre ? Elle sera faible et douloureuse ; de plus d'un siècle on ne verra dans les campagnes ces hommes forts et robustes, dont le tempérament est si nécessaire aux travaux durs et pénibles auxquels ils sont exposés.

Quels sont les avantages de la guerre ?

La guerre se déclare dans les cabinets, et

ceux qui la déclarent ne la font jamais.....D'un trait de plume ils sacrifient des milliers d'hommes, ils font des veuves et des orphelins, ils jettent la désolation dans les familles; et l'avantage qu'ils en retirent, c'est d'avoir assouvi leurs passions, s'ils sont vainqueurs, et de capituler honteusement, s'ils sont vaincus.

La guerre enrichit quelques fripons, ruine les parties belligérantes; et tous ces potentats qui la font plutôt par orgueil que par nécessité, rendent souvent à la paix, par un traité amical, les conquêtes qu'ils ont faites au prix du sang humain: tels sont donc les avantages de la guerre. O vous, rois, princes et gouvernans, sous telle dénomination que vous soyez, calculez de sang-froid les fléaux de la guerre et ses avantages, vous n'hésiterez pas un instant à rendre le repos aux peuples de l'Europe, qui souvent sont seuls victimes de l'orgueil et de l'ambition.

Qu'on ne croie pas que je blâme mes concitoyens d'avoir fait la guerre; ils ont montré du courage en s'armant contre une coalition formidable; ils se sont couverts de gloire en terrassant des phalanges conduites par les plus habiles géneraux de plusieurs grandes puissances de l'Europe qui se flattaient de vaincre les Français, de leur dicter des lois, de leur donner un maître, et de se partager le territoire pour prix de leurs conquêtes. Pauvre espoir!... Mais soyons aussi sages que nous ayons été cou-

rageux; que la postérité ne nous accuse pas
d'avoir prolongé la guerre : il est si beau d'offrir
l'olivier de la paix quand on a le front ceint de
lauriers!

ANNÉE 1796.

Les premiers mois de l'année n'offrirent rien
de remarquable : les armées en cantonnemens
se délassaient des fatigues de la guerre : les cabinets des parties belligérantes entrèrent en né-
gociation, et ils donnèrent aux peuples l'espoir
de la paix. On ignore sur qui doit tomber la
faute de la prolongation de la guerre; le mystère de la diplomatie, qui est quelquefois nécessaire, réduit toujours les peuples à ne croire
que ce qu'on veut leur dire ; mais on est certain que ce fut l'Empire qui rompit l'armistice :
l'ordre fut donné aux troupes françaises de se
tenir prêtes à combattre de nouveau, dans les
premiers jours de prairial an 4.e ; et loin de jouir
d'une paix glorieuse et durable, la guerre recommença après une armistice d'environ cinq
mois.

A l'ouverture de la campagne, les premiers
coups se portèrent en avant de Landau *. Les

---

* A cette époque il y eut quelques changements dans les chefs de
l'artillerie ; on regretta principalement le général *Dorsner*, et on
ne fut dédommagé de sa perte, que par la présence continuelle
de son chef d'état major *(Guardia)*, homme juste, instruit et
estimable à tous égards.

troupes françaises brûlaient d'envie de se mesurer de nouveau avec leurs ennemis : aussi les
Autrichiens furent-ils repoussés jusqu'à la tête
du pont de Manheim : *Worms* et *Spire* retom-
bèrent de nouveau au pouvoir des Français.

Pendant que l'ennemi se retranchait avec soin
sous Manheim, les Français concevaient un projet hardi, (le passage du Rhin). Tout-à-coup on
reçut ordre de partir pour l'armée d'Italie : les
ordres furent donnés sur les routes de préparer
les logemens et les vivres. L'armée française
abandonna toutes les positions en avant de Landau, et laissa cette place livrée à ses propres
forces. Quoiqu'on y mît une forte garnison, les
habitans n'en étaient pas moins inquiets ; ils se
ressouvenaient de leurs calamités dans le blocus
de 1793, et s'attendaient à éprouver de nouveau
les horreurs d'un siège. Les habitans des campagnes, qui venaient de rentrer leurs foins et
une partie de leur moisson, étaient dans les plus
vives alarmes ; ils craignaient, avec raison, l'invasion des Autrichiens.

Je crois que ce mouvement de l'armée française étonna beaucoup l'ennemi : sans doute il
ne pensa pas que le grand parc d'artillerie était
resté à trois lieues de Landau, car avec une pa-
trouille de cavalerie, composée de cinquante
hommes, il aurait pu s'en emparer. Il est vrai,
cependant, que sa démarche aurait été témé-
raire ; car il ne devait pas croire qu'un grand parc

d'artillerie., sans chevaux , eût resté pour faire l'arrière-garde de l'armée ; quoi qu'il en soit , il serait infailliblement tombé entre ses mains, si on n'avait pas obligé les cultivateurs du pays à fournir leurs chevaux pour l'enlever et le conduire à Strasbourg.

Les troupes françaises furent jusqu'à Strasbourg dans la plus ferme persuasion qu'elles allaient à l'armée d'Italie : la plupart bivouaqua autour de la place ; une autre partie de troupes, qu'on disait partir pour l'Italie , eut ordre de faire une fausse attaque dans les environs d'Huningue , et le quartier général rentra dans Strasbourg : là on tint un conseil secret pour l'opération projetée. Le général en chef *Moreau*, montra dans cette circonstance du zèle , de la discrétion et de la fermeté ; il fit fermer les portes de la ville, il mit tous les bateliers en réquisition , et il ordonna que le passage du Rhin se fît entre minuit et deux heures du matin: en effet, tout se prépara dans le plus grand secret. Le 24 juin 1796, (6 messidor, an 4.ᵉ) l'adjudant général Abbatucci (1) montra de l'audace et de la hardiesse : il passa avec cinquante hommes bien déterminés, et aborda une isle où était un poste avancé de l'ennemi. La sentinelle cria *verda !* on courut dessus, on l'égorgea ; et le poste composé de 12 hommes, duquel cet homme

---

* On m'a assuré qu'après ce passage il fut fait général de brigade.

dépendait, subit le même sort. Bientôt les Français pénétrèrent dans la première redoute des Autrichiens ; ils prirent les pièces de canon, et ce fut avec elles qu'ils prirent le fort de Kell, battirent l'ennemi et le chassèrent de la place.

Les troupes ennemies, peu disposées à se battre, ou effrayées de ce passage précipité, se sauvèrent à leur camp, qui était situé à Wilstelt, (environ deux lieues du Rhin).

Il faut avouer qu'à cette époque les environs de Kell étaient gardés par les troupes du cercle de Souabe ; il y avait peu de troupes de l'Empire. Le camp de Wilstelt étoit d'environ 4000 hommes ; mais lorsqu'ils apprirent que les Français avaient passé le Rhin, ils se préparèrent à la retraite : cependant ils firent un peu de résistance : il y eut un combat assez sanglant à une petite lieue du camp ; et, repoussés vigoureusement par les Français, ils n'eurent le temps que de sauver une partie de leurs bagages ; ils abandonnèrent leur camp bien baraqué, et se retirèrent dans les montagnes.

L'avant-garde de l'armée française, aux ordres de Férino, ayant obtenu de tels succès au passage du Rhin, le corps de l'armée passa et il se déploya sur plusieurs points : trois divisions, aux ordres du général Desaix, marchèrent sur la gauche, une aux ordres du général Saint-Cyr occupa le centre, et deux commandées par le général Férino se portèrent sur la droite.

L'armée française, en se développant ainsi,

livra plusieurs combats à l'ennemi qui présentait
quelque résistance en se retirant : une affaire
sanglante donnée à Renchen le 10 messidor, où
on lui prit 10 pièces de canon, plus de 500
chevaux et où l'on fit 1000 prisonniers, fut le
prélude de la campagne la plus brillante.

Tandis que *Desaix*, à la tête de ses trois divisions, se couvrait de gloire, tandis qu'il entrait
triomphant dans ces beaux palais de *Rastatt*, de
Carlesruh, *Stutgard*, etc. Saint-Cyr et Ferino
s'enfonçaient dans les montagnes et les gorges
de la Forêt Noire. Saint-Cyr surmonta de grands
obstacles en traversant les montagnes de la
Souabe, et ce n'est pas sans de grandes difficultés
qu'on parvint à transporter l'artillerie. *La Roche*,
général attaché à cette division, s'empara de la
plus haute montagne de la Souabe, nommée le
Knibis, sur laquelle il y avait une superbe redoute qui avait, dit-on, coûté 200 louis au duc de
Wurtemberg, et dans laquelle on fit prisonniers
313 hommes, prit deux drapeaux et deux pièces
de canon : cette victoire assura le succès du centre.
La division Saint-Cyr se porta sur *Freudenstadt*,
et fut aussi heureuse que les divisions de la
gauche.

Férino, après avoir passé par *Offembourg* et
Larr (1), s'empara sans beaucoup de difficultés
de la ville de *Fribourg* en Brisgaw.

---

* *Larr* est une petite ville au pied des montagnes de la Souabe
et de la Forêt Noire. Ses habitants ont montré, dès le commencement de la révolution française, des sentiments patriotiques. On

Les habitans de Fribourg savaient que c'était Férino qui marchait sur leur ville ; ils avaient au sein de leurs foyers des propriétés appartenantes au vainqueur : ils furent au devant de lui, lui offrirent l'entrée de la ville, et lui demandèrent sa protection. Le général, dont les sentimens sont connus, aurait sans doute en toute occasion assuré la tranquillité à des habitans que le sort de la guerre mettait en ses mains ; alors on a lieu de penser qu'il préserva particulièrement de toute vexation militaire une ville où il avait une maison, vraisemblablement des parents et quelques amis. En effet, l'armée qu'il commandait passa par la ville dans le meilleur ordre : aucun militaire n'osa sortir des rangs, et traversant cette cité, la troupe, tambour battant, drapeau déployé, montra cette attitude fière et imposante qui appartient au vainqueur. Mais Férino n'oublia pas qu'il avait une maison dans Fribourg : il se fit rembourser sur le champ le prix auquel il l'estima, qui fut, dit-on, de quarante-cinq mille livres, et qu'il exigea lui être payé en or. *Si la maison valait cette somme*, on pense qu'il eut raison ; car où en serait-il aujourd'hui,

---

assure qu'en 1789 ils achetèrent des cocardes tricolores à Strasbourg, et qu'ils ont été bien maltraités des troupes de la coalition. Ce qu'il y a de certain, c'est qu'ils ont été au-devant des Français, ils leur ont offert de l'argent, de bons logements, et tous les militaires y ont été fort bien traités. On n'a pas vu, sans surprise, beaucoup d'enfants de bonne maison chanter et jouer sur des instruments, des chansons patriotiques connues en France.

que nous n'avons plus la rive droite du Rhin ?
ses propriétés se trouveraient encore en la puis-
sance de l'ennemi.

Le vainqueur de Fribourg continua sa carrière
glorieuse jusqu'à la capitale de la Bavière (*Mu-
nich*). Pendant que l'armée de Rhin-Moselle volait de victoires en victoires, l'armée de Sambre
et Meuse remportait aussi des avantages considérables sur le Mein ; les généraux Championnet et
Bernadotte enlevèrent à l'ennemi, dans les premiers jours de thermidor, une grande quantité
d'artillerie, et des bateaux chargés de farine,
avoine, etc. etc. L'armée d'Italie s'immortalisait
par des prodiges de valeur : enfin, les armées
françaises étaient au plus haut degré de gloire.

Ceux qui ne calculaient que les avantages du
moment, s'enthousiasmaient sur la rapidité de
nos succès : on voyait des traités et des paix par-
tielles avec les princes de *Wurtemberg*, de *Ba-
den* et de *Bavière*, qui accordaient (sans doute
comme vaincus) ce que la France leur demandait. *Chevaux*, *bleds*, *avoines*, *draps*, *cuirs*,
et autres denrées de toute espèce étaient deman-
dées pour les armées. Enfin, à la fin de thermidor an 4.ᵉ, (mois d'août 1796) on estimait
les contributions, tant en argent qu'en denrées
pour l'armée de Rhin et Moselle, à la somme de
cinquante-cinq millions, et pour l'armée de
Sambre et Meuse à *douze millions*.

De ces avantages considérables, on tirait des

conjectures bien favorables à la France : on voyait l'Empereur abandonné par plusieurs princes du cercle de Souabe : battu partout, on pensait l'obliger à demander la paix ; et on semblait lui faire une grace que de l'aller signer à Vienne.

Le spectateur tranquille qui examinait le cours rapide de nos armées, et qui voyait derrière elles trois places fortes (*Philisbourg, Manheim* et *Mayence*), craignait, avec raison, la fin de la campagne : la conduite que tenaient plusieurs généraux, envers les habitants du pays conquis ; les exactions que des hommes sans mœurs, sans morale, de tout rang et tout grade, commirent sur leur territoire ; les pillages même (si j'ose me servir du terme) auquel se livrèrent des hommes qui portent le nom de Français, tout cela n'inspira pas la plus haute confiance dans les vainqueurs d'outre Rhin : la force des armes en imposait aux mécontents ; mais, attachés autant à leurs princes qu'à leurs priviléges, ils attendaient le moment favorable pour se venger, et secouer le joug des conquérants.

L'armée de Rhin-Moselle ne borna pas ses conquêtes à la rive droite du Rhin ; elle forma de nouveaux projets sur le Danube. Une affaire assez sanglante eut lieu le 23 thermidor près l'abbaye de Neresheim ; l'avantage fut aux Français : mais le 24, dans une autre affaire non moins sérieuse sur les bords du Danube et aux environs d'Obermeldeling, la 4.ᵉ division fut obligée de se replier, et elle fit une honorable retraite jusque sur Gumd.

De cette affaire, le quartier général fut obligé de se retirer et de se placer provisoirement à l'abbaye de Neresheim.

Le 26 thermidor les 4.ᵉ et 5.ᵉ divisions se réunirent; elles repoussèrent l'ennemi, elles reprirent leurs positions, et on passa le Danube sans coup férir.

Ce fleuve passé, les Français n'eurent pas de peine à pénétrer dans la capitale du cercle de Souabe (*Augsbourg*) ville aussi belle que remarquable par les traités qui s'y sont faits, et dont l'histoire nous cite quelques-uns : l'ennemi étonné de ce qu'aucun fleuve n'arrêtait les Français, battait constamment en retraite. Peut-être aussi, mieux servi que nos généraux, savait-il que l'armée de Sambre et Meuse serait battue, et que laissant avancer celle de Rhin et Moselle, elle se trouverait enveloppée par les derrières, et paierait cher ses succès : ce qui est arrivé.

Le 6 fructidor (23 août 1796) l'armée Française se mit en marche et se disposa à passer le Lech. Le 7 elle effectua le passage * : elle livra une bataille sanglante auprès du château de Fridberg où l'ennemi avait une superbe position, et où il perdit seize bouches à feu, deux dra-

* On assure qu'au passage du Lech l'adjudant général Houelle a donné les preuves d'un courage unique ; il passa le rivière à cheval : le rapide de l'eau l'entraîna, et il périt victime de son zèle.

peaux, se mit en déroute, et abandonna aux
Français beaucoup de prisonniers, parmi lesquels se trouvait un major. Les succès de l'armée de Rhin et Moselle étaient constants; on
ne voyait pas sans surprise que l'Allemagne
n'opposât pas une digue au torrent qui la me-
naçait : mais l'archiduc Charles à la tête des
troupes ennemies se préparait à un grand coup :
il sentait à merveille qu'il n'était pas assez fort
pour battre deux armées dont les victoires aug-
mentait le courage. Il prit le parti de s'attacher
à en battre une complettement, pour tâcher,
ensuite, de devenir maître de l'autre.

Son plan lui réussit, comme il le désirait. Il
ne s'occupa pas d'arrêter les progrès de l'armée
de Rhin-Moselle, il porta la majeure partie de
ses forces sur l'armée de Sambre et Meuse : dans
les premiers jours de fructidor il y eut une
affaire décisive où les Français furent battus :
ensuite le grand parc d'artillerie, le général
d'artillerie (Bollemont), plusieurs officiers supérieurs, un grand nombre d'employés des administrations, tout fut pris à Wurtzbourg (l'une
des principales villes du cercle de Franconnie).
Je ne donnerai pas les détails de ce qui s'est passé
à l'armée de Sambre et Meuse, car, n'en ayant
pas été témoin oculaire, je craindrais de me
tromper. On pense que l'ambition de quelques
chefs l'a perdue. On assure que si *Jourdan* se
fût concerté avec *Moreau*, la jonction des deux

armées était certaine. Quelques personnes ont
dit que Jourdan, craignant que Moreau n'entrât avant lui à *Ratisbonne*, s'était trop avancé,
s'était trop exposé ; enfin, qu'il avait sacrifié
l'armée à son ambition , et livré celle de Rhin
et Moselle.

D'autres assurent que Jourdan n'a ainsi marché que parce qu'il avait des ordres du gouvernement. Tel est le mystère que nous ne connaî-
trons qu'avec le temps ; ce qu'il y a de certain,
c'est que tous nos journaux officiels nous ont
assuré que Moreau devait donner avant peu sa
main droite à Buonaparte, et sa gauche à Jourdan ; mais ceux qui ont servi à l'armée de Sambre et Meuse rendront justice aux talents militaires, à la sagesse et à la prudence de Jourdan :
ils sauront dire aussi avec la même loyauté, que
plusieurs officiers supérieurs de cette armée
s'étaient tellement enorgueillis de leurs conquêtes, qu'ils avaient monté l'esprit de la troupe au
plus haut degré d'orgueil et d'ambition. Pour
s'en convaincre on peut se reporter au mois de
floréal an 3.ᵉ sous *Luxembourg*, au mois de
vendemiaire l'an 4.ᵉ sur la rive droite du Rhin
et sous *Mayence*; on verra que l'armée de Sambre et Meuse aurait été fâchée qu'une autre
armée entrât dans une de ces places fortes. Doit-
on pour cela accuser le général en chef? Tout le
monde sait qu'aux armées le chef de l'état major
a beaucoup d'influence; et je pense que le citoyen

Ernouf en avait une grande à celle de Sambre et
Meuse. Dans le cas où Jourdan serait coupable
de n'avoir pas réprimé l'ambition de quelques
chefs de son armée, n'oublions jamais qu'il a pris
Charleroy, gagné la fameuse bataille de Fleurus,
rendu à la patrie quatre places fortes du Nord,
conquis la Belgique, pris Maestricht, etc. etc.
Au surplus reprenons le cours de notre marche
outre Rhin. L'armée de Sambre et Meuse ainsi
battue et en déroute, obligée de passer la *Lahn*
et de se placer derrière la *Sieg*, l'ennemi n'eut
pas de peine à tourner celle de Rhin-Moselle.

En poursuivant celle de Sambre et Meuse, il
était certain de tomber sur ses places (*Philisbourg, Manheim et Mayence*), et d'y trouver
des ressources en cas de besoin : mais son but
principal était de prendre par derrière celle de
Rhin-Moselle : en effet il réussit.

Le premier avantage que les Autrichiens remportèrent sur les Français fut la prise du parc
d'artillerie, 75 caissons, l'ambulance, la caisse
du trésorier et toutes les administrations de la
3.º division, à Dakau (21 fructidor). On assure
que le général Férino commandant la division
fut averti qu'environ 500 hommes de cavalerie
ennemie n'étaient pas loin du parc, et qu'il reçut
fort mal ceux qui lui donnaient cet avis, en leur
reprochant de chercher à mettre l'alarme dans
l'armée. Que cela soit vrai ou non, il est certain
qu'à quatre heures du matin tout ce que j'ai cité

ci-dessus fut réellement pris par la cavalerie
ennemie, et à trois lieues de son quartier général. Dans la nuit du 24 au 25 fructidor toute
l'armée Française se mit en marche pour se
réunir à Neubourg (petite ville sur le Danube)
où étaient tous les quartiers généraux. Le général
en chef ayant appris par des gazettes Allemandes
que l'armée de Sambre et Meuse avait été battue,
toutes ses communications étant interceptées,
ses couriers arrêtés par les paysans, il se décida
à la retraite; mais il était trop tard : l'armée ennemie occupait les derrières de l'armée Française: les garnisons de *Philisbourg* et *Manheim*
étaient sorties pour attaquer les faibles garnisons qu'on avait laissées dans le pays conquis près
le Rhin, et elles étaient harcelées journellement.

Les habitants naturellement mécontents se joi-
gnaient aux troupes de l'empire, et le général
Schers ne put garder les positions que sa troupe
avait dans les environs de Bruchsall, Carlesruh,
Dourlach, Ettingen et Rastatt.

Ce général avait soutenu vaillamment deux
attaques les 18 et 20 fructidor; mais étant averti
qu'un corps de cavalerie ennemie s'était joint
aux garnisons de Philisbourg et Manheim, persuadé en outre qu'il était entouré de ses plus
cruels ennemis (les paysans), il se décida à la
retraite sur Kell : il se mit en marche la nuit
du 27 au 28 fructidor; l'ennemi était déja sur
ses derrières, et ce ne fut qu'au pas de charge,

après une longue fusillade, une affaire assez sérieuse au milieu de Carlesruh et avec la baïonnette, qu'il parvint à s'ouvrir un passage dans différents endroits. L'ennemi harcela continuellement cette colonne qui, marchant depuis le 27 jusqu'au 29 onze heures du soir, qu'elle arriva à Kell, n'eut que le temps de bivaquer la nuit du 28 au 29, en surveillant un ennemi en force qui la suivait de près.

Les habitants du pays dirigés par des capucins qu'ils avaient à leur tête, connaissaient bien les succès des Autrichiens; la nuit du 27 au 28 ils se soulevèrent, ils s'armèrent, et se joignirent aux troupes de l'Empire pour couper la retraite à l'armée française.

Un parc d'artillerie, qui était dans le principe le parc central de l'armée, et qui était resté au village de Neumill (une lieue du Rhin) faute de chevaux, faillit tomber au pouvoir de l'ennemi *. Heureusement que le général Moulin, commandant à Strasbourg, donna ordre de le faire passer dans le plus court délai sur la rive gauche du fleuve. L'ordre arriva le 27 au matin, et le trajet n'étant pas long on mit deux chevaux sur chaque pièce, caissons ou voitures, et en

---

* On n'a pas vu sans surprise, que plusieurs chefs des équipages soient restés pendant toute la campagne à ce parc, qui n'avait que le nom de parc central, puisqu'il n'y avait rien à faire : mais ils avaient des ordres, et les militaires ne doivent qu'obéir, ...

deux fois on le transporta dans le jour sur la rive gauche.

Ce même jour un convoi d'artillerie devait partir pour l'armée; il partit le lendemain 28: les communications étant interceptées il ne passa pas *Brisach*.

La nuit du 27 au 28 il arriva quelques cavaliers dans les environs de Neumill pour reconnaître ce qu'il y avait de troupes françaises ; mais le parc étant enlevé, ils n'eurent que le plaisir d'annoncer aux habitants que dans peu il n'y aurait point de Français sur la rive droite du Rhin.

Le 30 fructidor un convoi venant de l'armée, composé de onze bouches à feu prises sur l'ennemi, trois pièces françaises à réparer, et deux voitures chargées d'armes ennemies, fut pris par les paysans armés dans les environs d'Offembourg : l'officier faillit être assassiné; on le frappa durement et on le fit prisonnier. Quelques hommes, qu'il avait avec lui pour escorter le convoi, trouvèrent leur salut dans la fuite. Lorsque les voitures et les chevaux furent enlevés par les paysans, l'officier demanda à être élargi ; on lui accorda sa grace à condition qu'il passerait le Rhin sur le champ par Brisach, ce qu'il promit et exécuta.

Que l'on juge maintenant quelle devait être la position de l'armée de Rhin et Moselle, qui à cette époque était encore au-delà du Danube :

un parc d'artillerie et plusieurs convois avaient été pris, on ne pouvait plus lui faire passer de munitions : un corps d'armée assez formidable était sur le bord du Rhin et occupait une assez grande étendue de terrain ; les paysans étaient soulevés et armés : que ne devait-on pas craindre pour cette armée si triomphante au commencement de la campagne ? Il fallut tous les talents militaires du général en chef *Moreau*, de son chef d'Etat major *Regnier*, et de plusieurs généraux pour se tirer d'une position aussi critique.

Le 1.er jour complémentaire de l'an 4.e (17 septembre 1796), l'armée française repassa le Danube, excepté l'arrière-garde qui soutint glorieusement la retraite et le passage de ce fleuve. Ce 1.er jour complémentaire, arriva aux environs de Kell une colonne d'ennemis forte d'environ huit mille hommes : c'était principalement la garnison de Manheim, et le corps de cavalerie qui avait suivi l'armée de Sambre et Meuse. Les ouvrages de Kell n'étaient pas terminés : la retraite de *Rastatt* avait mis dans ce fort à peu près quatre à cinq mille hommes : la fatigue qu'ils avaient éprouvée dans leur marche forcée, les réduisit à un repos qui coûta la vie à plusieurs d'eux, et faillit les perdre tous. Cependant ne pouvait-on pas reprocher à ces troupes un peu d'insouciance ? Elles savaient que l'ennemi les suivait de près : quelque fatiguées qu'elles fussent, elles devaient au moins se garder. La nuit du 1.er

l'ennemi, conduit par les paysans qui avaient
ttravaillé aux retranchements de Kell, tenta
de prendre le fort : d'abord, il surprit les avant-
postes, les égorgea, tourna le fort, entra dans
la ville, et parvint enfin jusqu'à la tête du pont :
pendant ce temps les généraux, les comman-
dants de place, etc. étaient dans leur lit. Le
canon placé sur la rive gauche du Rhin arrêta
les Autrichiens qui tentaient de couper le pont :
une canonnade vive et soutenue les terrassa.
Les troupes Françaises se voyant surprises, prirent à l'instant les armes ; elles se trouvèrent
pêle-mêle avec leurs ennemis ; on se poignardait,
on s'égorgeait homme à homme : le canon de
la rive gauche tirait continuellement, et par conséquent tuait les Français comme les Autrichiens : jamais affaire ne fut plus sanglante. Trois
fois l'ennemi prit la tête du pont, trois fois il
fut chassé et repoussé vigoureusement. Lorsqu'il
avait l'avantage, il tuait, massacrait avec une
férocité sans exemple : vieillards, enfants, filles,
et même femmes enceintes, n'échappèrent pas à
sa rage : presque tous ivres, ne respiraient que le
sang. Les Français échauffés par l'action, et
voyant l'inhumanité des ennemis, redoublèrent
de courage ; ils parvinrent enfin à les amonceler
par pelotons dans la ville, et s'étant servi de leur
tactique ordinaire (la baïonnette) ils en firent
un carnage horrible. On en a trouvé jusqu'à cinquante les uns sur les autres dans différentes

cours des maisons de Kell : cette ville qui n'était pas encore détruite, était jonchée de cadavres et de chevaux. Je ne dirai pas comme nos journaux *officiels*, que cette affaire nous a coûté peu de monde : on doit juger par le récit que j'en fais, et qui est véritable, qu'elle coûta cher aux Français; mais la victoire leur resta, au prix du sang des deux partis. On compte qu'environ trois mille Autrichiens et six cents Français restèrent sur la place; dans ceux-ci il y eut plus de sept à huit cents blessés dangereusement. On a ignoré le nombre de ceux de l'ennemi : on pense qu'il y en eut peu, car presque tous les coups qu'on leur porta furent mortels. On fit néanmoins 300 prisonniers, dont 30 officiers. Les Français dans cette affaire perdirent beaucoup de chevaux : on eut l'imprudence de faire charger la cavalerie au milieu de la ville : dans la confusion, ne pouvant ni manœuvrer ni s'étendre, elle fut écrasée sans pouvoir se défendre. L'ennemi fut plus adroit; il laissa sa cavalerie dans la plaine au dessus de la Kintzi, et il perdit peu de chevaux.

L'ennemi fut repoussé à environ trois lieues au-delà du Rhin; mais les Français n'étant pas assez forts pour le suivre plus loin, ils furent obligés de se replier sur Kell. Tandis qu'ils poursuivaient l'ennemi, la garde nationale de Strasbourg garda les postes importants, tant à Kell que sur les deux rives du Rhin : elle s'était trouvée à l'affaire, et avait donné dans cette occasion des preuves de son zèle et de son courage : plusieurs bourgeois y furent tués *. On assure que le prince Charles avait donné ordre de prendre le fort de Kell et de rompre le pont à tel prix que ce fût, afin de couper la retraite au corps de l'armée Française : le coup fut manqué, mais il coupa néanmoins la retraite de l'armée qui ne put passer que par *Brisach* et *Huningue*.

Pendant que l'armée ennemie se portait en force sur Kell, un nombre assez considérable de ses troupes fit une sortie de Manheim, passa le Rhin, se répandit dans les campagnes environnantes de Landau ; ces troupes allèrent jusqu'à Berzabern, Weissembourg et autres lieux où elles firent contribuer, avec menaces de tirer tuer, incendier, etc. On assure qu'elles avaient l'intention d'aller jusques sous le canon de Strasbourg pour inquiéter les Français, tâcher d'obliger à tirer une partie de la garnison de Kell pour aller secourir les cantons de Weissembourg seulement, et s'emparant de Kell, couper plus facilement la retraite à l'armée. Mais ces projets n'eurent aucuns succès ; la garnison de Kell ne fut point diminuée ; d'autres troupes se portèrent sur Weissembourg et Landau, et obligèrent les

---

* On remarqua avec plaisir un général de division dans l'arme de l'artillerie (Dorsner), qui, passant à Strasbourg, se rendit à Kell au commencement de l'attaque, et ne contribua pas peu au succès de cette affaire, tant par sa présence que par les ordres qu'il donna à l'artillerie.

Autrichiens à se retirer de nouveau jusque sous le canon de Manheim.

L'armée de Rhin-Moselle ainsi bloquée, courut de grands dangers ; le 10 vendemiaire an 5.ᵉ (1.ᵉʳ octobre 1796) l'ennemi attaqua près de l'abbaye de Schausseriel. Il fut repoussé sur tous les points, mais ce ne fut que le prélude d'un grand combat qui se donna le lendemain entre le corps de la *Tour* et les 4.ᵉ et 5.ᵉ divisions, où les Français remportèrent la plus éclatante victoire, en tuant beaucoup de monde et faisant 5000 mille prisonniers dont 50 officiers et un major. Il ne fallait pas moins de succès pour ouvrir un passage à l'armée qui continua sa retraite par les gorges du Val d'Enfer, Fribourg, etc., où elle prit dans ces gorges de nouvelles positions.

L'armée ennemie suivait constamment l'armée Française : celle-ci montrait autant de courage que de fermeté ; elle faisait sa retraite à pas lents, et battait journellement l'ennemi qui voulait s'opposer à son passage.

Le 28 vendémiaire il y eut une affaire générale, où l'ennemi eut l'avantage ; ce qui força les Français à une retraite définitive, et au passage du Rhin par *Brisach* et *Huningue*. Le respectable général Beaupuis, considéré et aimé de toute l'armée, périt dans cette affaire : il fut regretté de tous ceux qui le connais-

saient *. Quoique l'armée fit une superbe retraite,
il n'en est pas moins vrai qu'une grande partie
des corps isolés, des employés des administrations, furent harcelés par l'ennemi: les uns furent assassinés par les paysans, ou tout au moins
dépouillés; les autres furent obligés de se sauver par la Suisse pour rentrer en France. Enfin,
beaucoup d'autres furent faits prisonniers de
guerre.

L'armée de Rhin et Moselle, obligée de repasser le Rhin, conserva cependant sur la droite
la tête des ponts de *Kell* et d'*Huningue ;* elle
se fortifia formidablement sur ces deux points:
l'ennemi fit bien quelques tentatives sur Hunin-

---

* On doit faire connaître le trait généreux d'un dragon du 6e.
régiment, envers ce général.

Chauvel (c'est ainsi qu'il se nomme), était dans les rangs des
combattants: voyant son général démonté, il s'approche : le voyant
blessé dangereusement, il presse un sergent d'infanterie qui se trouve
présent , de lui aider à le mettre sur son cheval. Au milieu du feu
de l'ennemi, il l'emporte. A quelques pas de là ; le chapeau du
général tombe : Chauvel craint que l'ennemi ne voie qu'un général
français a été tué; il ramasse le chapeau de sang-froid avec la pointe
de son sabre, et prend ensuite le chemin de la retraite. Mais bientôt
il s'aperçoit qu'il est coupé : il ne trouve son salut qu'en passant
une rivière; et sans prévoir le danger auquel il s'expose, tenant
sur son cheval le général mourant et déjà livré aux angoisses de
l'agonie, il traverse la rivière à la nage.

On a remarqué que le premier soin de Chauvel a été de s'emparer des cartes que le général avait sur lui, et qu'il l'a conduit
au quartier général, muni de sa montre et de son argent, où il est
mort quelques heures après. Honneur au brave Chauvel !

gue, mais il s'attacha principalement à reprendre le fort de Kell. Le mois de brumaire se passa à n'entendre que quelques coups de canon de part et d'autre. Le 22 on enleva aux Autrichiens quelques postes qu'ils reprirent de suite, on détruisit quelques uns de leurs travaux, on leur fit environ cent prisonniers ; mais il n'y eut pas d'affaire bien remarquable entre les parties belligérantes avant le 2 de frimaire an 5.ᵉ (21 novembre 1796). L'ennemi ne pouvait faire aucune tentative sur Kell qui était très fortifié : il fit redoutes sur redoutes, batteries sur batteries et plusieurs lignes de circonvallation : il fit venir de l'artillerie de gros calibre des places de Philisbourg et Manheim, et quand il fut prêt, il canonna Kell d'une belle manière. Ceux qui voyaient travailler l'ennemi, étaient frappés d'étonnement en réfléchissant qu'on se bornait à tirer dessus quelques coups de canon, qu'on le laissait travailler tranquillement, et qu'on ne faisait aucune sortie pour s'opposer à ses vues et chercher les moyens d'arrêter ses opérations : car après l'affaire du deuxième jour complémentaire, l'ennemi n'avait pas même une seule batterie établie sur Kell. Le 2 frimaire, dis-je, les Français jugèrent à propos d'attaquer ; il faisait un temps affreux : les premiers postes de l'ennemi furent enlevés à la bayonnette. L'affaire s'engagea sur la droite des Français : ils forcèrent complettement la gauche de l'ennemi, prirent

deux lignes de retranchemens, enclouèrent quelques pièces, et en auraient pris onze si on avait
eu des chevaux prêts pour les enlever. La droite
de l'ennemi formait une armée d'observation.
Sans doute ce corps d'armée pensait que les
Français, vainqueurs sur leur droite, poursui-
vraient avec enthousiasme, et qu'ensuite il pourrait se porter en avant pour leur couper la retraite; mais les républicains, *pour cette fois*, furent
prudens; ils rentrèrent dans leurs positions après
avoir détruit une partie des lignes et redoutes
de l'ennemi qu'on ne pouvait attaquer, d'abord
parce qu'on n'avait pas assez de monde, et
ensuite parce qu'il étoit couvert par la Kintzi,
et des batteries qui en défendaient le passage.

Dans la nuit du 4 au 5, les ennemis ouvrirent
la tranchée à une très-grande distance du fort;
ils commencèrent alors leur bombardement jusqu'au 20 sans interruption : ce jour ils attaquèrent, mais voyant que les Français les attendaient
de pied ferme, et ayant perdu beaucoup de
monde tant par la fusillade que par la mitraille
que le canon vomissait sur eux, ils se retirèrent.

Le 11 frimaire à onze heures du soir l'ennemi
tenta d'emporter d'assaut la tête du pont d'Huningue. Trois colonnes se précipitèrent sur les
Français, et parvinrent à entrer dans tous les
ouvrages : ce succès ne fut qu'éphémère; le
brave général Abatucci fit une sortie vigoureuse
et chassa l'ennemi. Les canonniers de la compa-

gnie d'artillerie légère commandée par le capitaine Foix, ne pouvant tirer avec leurs pièces,
mettaient le feu aux obus et les jetaient dans les
fossés pour que les éclats détruisissent les assail-
lants : en un mot la plus grande bravoure signala
les Français dans cette occasion. Le général
Abatucci fut blessé mortellement, et dans son
état douloureux il voulut rester sur un para-
pet des ouvrages jusqu'à ce que l'ennemi fût
entièrement vaincu et chassé : il mourut quelques jours après.

On remarqua que les Autrichiens étaient tellement ivres, que parmi ceux qui furent blessés
on leur vit rendre l'eau-de-vie mêlée de poudre
à canon qu'ils avaient bue : et ce n'est pas la première fois qu'on a remarqué que ces hommes ne
montrèrent de la bravoure que lorsqu'ils étaient
dans un pareil état. Cette affaire leur coûta plus
de quinze cents hommes, et on croit que les Français en perdirent au moins cinq cents *.

Le 20 frimaire le prince Charles ordonna de

* Un fait assez singulier, et qui mérite d'être rapporté, c'est
l'état dans lequel se trouva un capitaine d'artillerie, nommé *Forno*.
Cet officier fut attaqué vivement, et terrassé par les ennemis :
après plusieurs coups, le croyant mort, ils le déshabillèrent et le
mirent nu : (on sait qu'à cette époque il faisait très-froid). L'ennemi repoussé, les Français rentrés dans leurs positions, Forno
n'entendant plus de bruit, lève la tête, et se voit seul ; il écoute.
Croyant la tête du pont occupée par l'ennemi, il se lève dans le
plus grand silence et dans sa nudité, il prend la route de Bâle. La
première maison qu'il trouva fut son asile Il y reçut tous les secours
qu'exigeait sa triste position. (Je regrette de ne pouvoir apprendre

prendre Kell d'assaut : trois bataillons refusèrent
de marcher : il ordonna qu'on les rassemblât, il fit
tirer au sort deux hommes par chaque bataillon ,
qui furent pendus, et on assure que deux officiers
furent aussi fusillés par ses ordres. Le 21 la
tentative de l'assaut eu lieu : loin d'être heureuse ,
l'ennemi perdit beaucoup de monde : plusieurs
bordées de canon à mitraille et la baïonnette prou-
vèrent que les troupes ennemies avaient mieux
vu le danger, que leur chef. Le 24, on fut
environ deux heures sans entendre le canon :
on assure que les généraux des deux partis consentirent à cette cessation d'armes pour enterrer les cadavres des malheureux qui avaient péri
dans l'affaire du 21.

Si on examine la position de Kell à une demi-
lieue de Strasbourg, si on remarque que les
Français avaient deux ponts sur le Rhin pour
établir leurs communications entre cette place
forte, et la tête du pont sur la rive droite qu'ils
voulaient garder ; si on remarque que l'ennemi
était obligé de tirer au moins de 20 lieues ses

à mon lecteur le nom de l'hôte généreux qui l'a revêtu provisoirement, et qui l'a mis en état de retourner à Huningue.)

Forno n'a pas été très-heureux dans la campagne de l'an 4.e car
c'était lui qui commandait le parc de la troisième division qui a
été pris. Il y perdit tous ses effets, et ne fut sauvé lui-même que
parce que le hasard l'avait appelé dans le moment pour le service
au quartier général de sa division. Quelques jours après son affaire
d'Huningue, il vint dans cette ville ; et, tandis qu'il s'occupait
de son service, un éclat d'obus emporta la cuisse d'un beau cheval
qu'il avait eu en Hollande.

bouches à feu et ses munitions, on est tenté de croire qu'il n'était pas difficile aux Français de garder ce poste important : mais si on réfléchit qu'un des ponts a été coupé deux fois ; que la dernière (le 5 nivose) il a été impossible de le réparer ; que la consommation des poudres et fers coulés est devenue considérable ; que les transports ont été aussi difficiles que périlleux : si on examine enfin la pénurie des fourrages pour les chevaux d'artillerie dont la plupart sont morts de faim, la misère des employés et charretiers, on est étonné que Kell ait soutenu plus de deux mois un bombardement continuel.

On assure que le prince Charles dit au milieu de son conseil, qu'il voulait avoir Kell pour le premier jour de l'an 1797 (12 nivose). Ainsi les premiers jours de nivose furent employés par les Autrichiens à des travaux immenses et dans une activité sans égale. Ils ouvrirent la tranchée en face du camp retranché des Français : ce camp était médiocrement armé, et offrait peu de résistance : la seule redoute qui le défendît un peu, était celle dite *des trous de loups*, dans laquelle il y avait cinq pièces, dont deux obusiers : mais la seconde parallèle de l'ennemi était achevée le 9 nivose ; elle était armée, on travaillait fortement à la sappe ; en un mot l'ennemi s'approcha si près du camp retranché, que les deux obusiers devenaient inutiles : on les fit retirer le 10 nivose au soir. Il ne restait donc plus dans la redoute *des trous de loups*, qui était la clef du camp retranché, que trois pièces du calibre de 4, et un coup de main de la part de l'ennemi pouvait les enlever.

Le 12, cette redoute fut attaquée vivement, et elle fut prise *. Les soldats français obligés de céder au nombre, et voyant la redoute qui couvrait leur camp au pouvoir de l'ennemi, ils se découragèrent et se débandèrent; la terreur se mit dans le camp, plusieurs passèrent un bras du Rhin à la nage, et l'ennemi s'empara de l'isle d'*Herlen-Rhin*.

Le général Lecourbe se voyant abandonné par une partie de sa troupe, fit passer le pont volant sur la gauche du fleuve, s'empara d'un drapeau, se mit à la tête des braves qui lui avaient été fidèles; beaucoup d'autres, voyant le courage de leur chef, se ranimèrent, et les Autrichiens furent chassés de l'isle avec une grande perte. Ils conservèrent la redoute, qui

---

* Malgré que l'ennemi se présentât avec des forces bien supérieures pour prendre cette redoute, il ne l'obtint que par une *ruse de guerre* qui, vu un brouillard très-épais et à la faveur de la nuit, lui réussit à merveille. Au moment où les Autrichiens se présentaient, les Français faisaient une sortie pour les attaquer. Les premiers, voyant qu'on marchait sur eux, firent feinte de rétrograder, et en se retournant firent une décharge qui semblait dirigée sur eux-mêmes. Les Français, croyant que c'étaient leurs camarades d'armes qui les précédaient, doublèrent le pas : les ayant joints, les Autrichiens retournèrent précipitamment, et tombèrent comme des furieux sur ceux qui marchaient avec confiance pour les joindre. Les Français, étourdis par la surprise, se dispersèrent, et furent bientôt vaincus.

fut bientôt rétablie à leur usage, et les mit à portée de battre aisément le seul pont qui nous restait pour les transports.

Mais bientôt il fut canonné de nouveau ; vu de revers par les batteries de l'ennemi, on ne pouvait passer dessus sans danger ; plusieurs personnes furent tuées, et les communications devenaient très-difficiles. Pendant toute la journée du 17 nivôse (6 janvier 1797) la canonnade fut vive et soutenue : le soir les Autrichiens tentèrent un nouvel assaut ; le combat fut long et sanglant : deux fois les Français furent repoussés de la redoute dite *du Cimetière* ; deux fois ils regagnèrent ce terrain : le commandant de la dixième demi-brigade, à la tête de sa troupe, se précipita sur l'ennemi, en fit un grand carnage, reprit la redoute, et y périt. Dans la chaleur de l'action, les Autrichiens passèrent la redoute, renversèrent deux pièces de calibre de huit qui étaient dans une petite batterie adjacente, et en enclouèrent une. L'affaire finie, les deux pièces restèrent sur le terrain à la vue des deux partis, sans qu'un des deux osât les prendre. Le général en chef de l'artillerie (*Eblé*), ne voulant pas perdre ces deux pièces, promit une récompense aux canonniers et charretiers de bonne volonté qui oseraient les aller prendre à la barbe de l'ennemi. Le détachement, les charretiers avec leurs chevaux se mirent en marche : le général qui commandait, craignant que cette action ne

donnât lieu à une affaire sérieuse ; et qu'on ne
perdît plus que l'on ne voulait avoir, empêcha le
coup de main qui n'eut pas lieu.

Depuis le 18 jusqu'au 20 nivose la canonnade
fut des plus vives, et les deux partis perdirent
beaucoup de monde : le 20 au matin le pont fut
coupé par l'ennemi ; ma'gré qu'on eût des bateaux prêts pour remplacer ceux qui étaient
endommagés, le transport et le remplacement
furent fort longs, avec d'autant plus de raison,
qu'on était obligé de travailler sous le feu de
l'ennemi.

Les vrais amis de la chose publique gémissaient en secret sur le sort des Français : leur
position devenait très-critique, et on voyait l'instant que toute l'artillerie tomberait au pouvoir
de l'ennemi : tout-à-coup le 20, à dix heures du
matin, on n'entendit plus tirer de part ni d'autre ;
bientôt on apprit que les généraux Français et
Autrichiens étaient en conférences ; chacun sou-
pirait après le repos et desirait ardemment une
cession d'armes ; enfin, à onze heures du matin,
on annonça à l'artillerie qu'il fallait que Kell
fût évacué le lendemain quatre heures du soir,
et qu'on rendait le terrain seulement à l'ennemi.

Dès que la cessation d'armes fut prononcée,
les Autrichiens s'empressèrent de visiter les travaux de Kell : ils se trouvèrent pêle-mêle avec
les Français. Leur étonnement fut jusqu'à l'admiration, en voyant le zèle des républicains à

tout enlever : ceux-ci disaient hautement, *Nous ne leur laisserons pas un clou*. Quand il fut question de prendre les deux pièces dont nous avons parlé ci-dessus, l'ennemi prétendit qu'elles étaient à lui, qu'ils les avaient renversées et en avaient encloué une, que depuis elles avaient été sous sa protection. Un chef de bataillon d'artillerie (Demarcey) fut les réclamer chez le général ennemi, disant qu'après avoir été renversées par les troupes, elles étaient restées au milieu des deux partis sans qu'aucun osât les aller prendre ; que ces pièces étant aux Français elles devaient leur être rendues, il les obtint et les fit enlever. Le lendemain, à une heure après midi, 102 bouches à feu, une grande quantité de caissons et de voitures, plusieurs magasins de munitions, tout était évacué : aussitôt on battit la retraite. L'armée française se rassembla, et bientôt elle défila tambour battant et drapeaux déployés. L'ennemi en bataille eut l'*honneur* de voir l'armée française se retirer avec tous les honneurs de la guerre, ne laissant qu'un monceau de terre qui a coûté à l'Empereur des sommes énormes, et plus de quinze mille hommes de ses meilleures troupes. C'est ainsi que souvent les hommes sont sacrifiés au caprice et à l'orgueil de ceux qui gouvernent.

J'ai entendu dire à quelques politiques modernes, qu'on avait eu tort de rendre Kell. J'aurais voulu les voir seulement deux jours obligés

H

de faire le service près de ce fort. Il est si aisé de faire la guerre dans un cabinet, dans un café, etc. etc!.... Mais qu'on se représente un fort presque rasé, entouré de travaux faits à la hâte, dont la plupart n'étaient pas encore revêtus : que l'on examine de près plusieurs batteries à barbets qui laissaient les canonniers à découvert, et qui les exposaient au feu de l'ennemi à chaque instant du jour : que l'on jette les yeux sur l'administration des équipages d'artillerie, on verra des employés sans paye, mécontens et murmurant après leurs chefs : on verra des charetiers mal vêtus, nu - pieds, déclarant hautement qu'ils exposeraient volontiers leur vie pour la chose publique si on les payait, si on les habillait : on verra des chevaux, dans un temps de verglas, tomber à chaque pas faute d'être ferrés à glace ; on verra les charetiers les abandonner, se sauver, et préférer la prison à faire un service aussi dur et aussi pénible : on verra des chevaux marcher continuellement, être quelquefois trois jours sans manger, et ensuite mourir de faim : on verra des plaintes portées, auxquelles *on ne faisait pas droit :* alors, on verra les convois militaires (sans lesquels, Kell ne pouvait se soutenir) éprouver des retards, et prêts à manquer à chaque instant.

Si l'on se porte ensuite à l'*hôtel* Darmstadt, où logeait *monsieur* P***, agent principal des équipages d'artillerie, on verra que, pénétré des *prin-*

cipes et non des *circonstances*, il ne voulait pas donner de clous à glace pour les chevaux, parce que son chef (*Cerff-Berr*) *en mission à Paris*, ne lui en avait remis que 25 livres pour chaque division de son équipage *·

D'après la faible esquisse que je donne de la situation des Français à Kell, on sera sans doute pénétré d'admiration, lorsqu'on saura qu'ils ont soutenu pendant plus de soixante jours un bombardement continuel; et la patrie, sans doute, reconnaîtra le zèle, la prudence et le génie d'un général estimable (Desaix), qui par sa conduite près l'ennemi, a sauvé les deux tiers de l'artillerie qui était dans ce fort.

---

* Il est bon que l'on sache que la division attachée au parc central, n'étant pas suffisante pour faire le service de Kell, on fut obligé de faire venir des chevaux de toutes les divisions, et même des compagnies d'artillerie légère ; que beaucoup de ces chevaux sont venus sans être ferrés, les charetiers tout nus, et les employés manquant de tout. Au moins M. P*** aurait dû envoyer dans chacune des divisions ce qui était dû aux malheureux employés et charetiers, les 25 liv. de clous à glace qu'il devait leur fournir; le service aurait été plus assuré.

Les bons employés de Cerff-Berr se présentaient-ils chez P***, lui demandaient-ils des objets nécessaires au service ? bientôt il les refusait sous prétexte que le chef n'en avait pas donné l'ordre ; il fallait attendre qu'on eût écrit à Paris.....Persistaient-ils ? ils encouraient sa disgrace, et bientôt on trouvait l'occasion de les destituer, et de les remplacer par des hommes plus dociles ; mais aussi, bien moins capables de servir. Qui souffre de toutes ces petites passions? la chose publique. Il ne serait pas difficile de prouver que, pour l'intérêt des entrepreneurs, pour le bonheur de leurs employés, et pour le bien du service, des hommes tels que P*** ne devraient jamais occuper de places en chef.

Toutes les personnes qui étaient de service à Kell savent que , dès le 19 nivôse, l'artillerie avait ordre d'évacuer doucement et nuitamment : il était convenu qu'on ne pouvait plus tenir , et on cherchait à sauver une partie de l'artillerie , pendant que l'autre ferait un feu continuel sur l'ennemi pour qu'il ne s'aperçût de rien : c'était agir prudemment; mais aussi c'était s'exposer à en sacrifier une partie pour sauver l'autre : *Desaix* sauva le tout. Ayant eu conférence avec le général ennemi , il lui démontra des ressources immenses, lui fit valoir le courage de ses troupes, leur zèle infatigable , et déclara qu'on était disposé à faire sauter les mines (*qui n'existaient pas*) dans le cas où l'ennemi voudrait faire quelques tentatives importantes : celui-ci , ne connaissant pas Kell, pouvait craindre cette opération, et les conférences eurent le succès que desirait le général Français.

On raconte , comme certaine , une anecdote asez plaisante au moment de la reddition de Kell.

Un officier supérieur du génie des troupes allemandes demanda au général Desaix le plan de Kell ; il desirait surtout prendre connaissance *des mines.* Le général lui dit : *Je vous prie de différer jusqu'au moment où je vous remettrai les clefs des portes du fort....*

Ce fort , presque rasé , n'ayant pour portes et pont-levis que des issues très-ordinaires , l'ennemi se trouva dedans sans s'en apercevoir.

Alors l'officier du génie, se trouvant dans ce fort, sentit la plaisanterie du général français; et loin de reitérer sa demande, il disparut.

Kell ainsi rendu, les Autrichiens portèrent toutes leurs forces sur la tête du pont d'Huningue; les Français en envoyèrent pareillement, et la guerre se ranima dans cette partie du haut Rhin.

La tête du pont d'Huningue tint plus longtemps qu'on ne pouvait l'espérer, étant dominée par une montagne sur laquelle l'ennemi avait des retranchements armés, d'où il pouvait brûler la ville d'Huningue s'il l'eût desiré, et dans laquelle il jeta plusieurs boulets, bombes et obus.

La garde de la tête de ce pont devenait encore plus difficile par la reddition de Kell, et par le transport des munitions, vivres, etc. qui ne se faisait que par des barques, attendu qu'on n'avait pu y conserver de pont. Il y eut plusieurs affaires assez sanglantes, principalement le 10 pluviôse, où les Français pénétrèrent jusques dans les retranchements de l'ennemi, lui enclouèrent plusieurs pièces, lui en prirent deux du calibre de sept, enlevèrent beaucoup d'outils nécessaires à leurs travaux, et firent une quarantaine de prisonniers.

Le 12, les Autrichiens attaquèrent les Français: ils tentèrent de monter à l'assaut; ils furent renversés par la mitraille; on les poursuivit encore jusques dans leurs retranchemens, et on leur enleva trois pièces.

Le 13, ils attaquèrent de nouveau ; ils ne furent pas plus heureux, mais nous eûmes beaucoup plus de blessés que dans les affaires précédentes. Ce même jour, le général Dufour qui commandait en chef cette partie d'armée, voyant qu'il était presque impossible de tenir plus longtemps, craignant d'ailleurs que toute l'artillerie ne tombât au pouvoir de l'ennemi, pensa qu'il était prudent de proposer une capitulation, pour jouir des mêmes avantages qu'on avait eus à Kell. En effet, il exigea cinq jours pour l'évacuation de toute l'artillerie et autres objets appartenants à la République *. La garnison sortit le 17 pluviôse avant midi, avec tous les honneurs de la guerre, tambour battant, drapeaux déployés, avec armes et bagages, passant *tranquillement* le fleuve avec des barques ; et l'ennemi prit, à midi, possession du terrain seulement.

Un article de la capitulation tranquillisa beaucoup les habitans d'Huningue, qui craignant à chaque instant du jour de voir incendier leur ville, virent avec une grande joie la promesse solennelle de l'ennemi, de ne point tirer sur Huningue, autant que la ville ne serait pas cernée par eux sur la rive gauche, et sous condition que les Français ne tireraient pas sur la rive droite.

---

* Depuis longtemps il n'y avait plus de pont à Huningue. Tous les transports et toutes les communications se faisaient avec des barques ; c'est pourquoi on exigea cinq jours pour l'évacuation.

Sans doute la campagne de l'an 4.ᵉ (1796) fut remarquable : les succès de Moreau furent brillants, et sa retraite fut encore plus étonnante. Par les détails dans lesquels nous sommes entrés, on doit voir que son armée coupée par derrière, harcelée au centre, tant par les troupes de l'Empire que par les habitants armés et soulevés contre elle, obligée de se retirer par des montagnes, réduite à passer par des défilés étroits et presque impraticables, elle ne devait jamais arriver sur les bords du Rhin. Il a fallu tous les talents militaires de plusieurs chefs, et tout le courage qui caractérise le soldat français, pour tirer cette armée du péril imminent près lequel elle s'est trouvée dans plusieurs occasions.

Tandis que l'Empereur desirait se rendre maître de la rive droite du Rhin, tandis que l'archiduc Charles son frère, voulant répondre à ses vues, s'amusait près de Kell, et qu'il sacrifiait une partie de ses meilleures troupes pour s'emparer de ce fort; tandis enfin qu'on élevait des trophées à ce jeune prince * dans le cercle de Souabe, dans la Franconie, et qu'on le proclamait le sauveur de l'Allèmagne, le cabinet de Vienne mettait tout en œuvre pour

---

* Les partisans de la Maison d'Autriche (et j'ai eu la douleur d'en rencontrer parmi les Français), assurent que le Prince Charles a préféré laisser évacuer Kell et les travaux devant Huningue, afin d'*épargner le sang humain*. C'est bien beau ! J'y croirais volontiers si le Prince Charles n'eût pas sacrifié plus de vingt mille hommes de ses meilleures troupes pour avoir ces deux têtes de ponts.

arrêter les succès incomparables et immortels
de l'armée d'Italie. Une nouvelle armée de 40
mille hommes fut créée ; un bataillon de jeunes
gens de bonne volonté , dont la plupart appartenait aux meilleures maisons de Vienne , y fut
incorporé : on assure même que l'impératrice
fit présent à ce bataillon d'un drapeau richement
brodé par elle - même , qui devait porter le nom
de *Mantoue.*

En effet , ce fut pour débloquer cette ville
importante que cette armée se mit en marche
aux ordres du général Alvinzi. Le général français (Buonaparte) qui par son génie, son courage et son activité , s'est rendu invincible dans
ces contrées, reçut aussi des renforts , et bientôt
il rompit les projets de l'Autriche. Je n'entre-
rai pas dans de grands détails sur l'armée d'I-
talie , que je ne connais point : je me bornerai à
dire ici que l'armée ennemie , loin de débloquer Mantoue , fut constamment battue depuis
le 14 nivôse , an 5.e (3 janvier 1797) jusqu'au
27 , et que dans l'espace de ces quatorze jours
on fit 23 mille hommes prisonniers , on lui
tua beaucoup de monde, on lui prit 60 pièces
de canon, 24 drapeaux * , on s'empara des bœufs,
vivres et bagages de toute espèce : en un mot ,
le bataillon des volontaires de Vienne tomba

---

* On assure qu'un gentilhomme Allemand à sauvé le drapeau
donné par l'impératrice, et qu'il a préféré le brûler plutôt que de
le voir tomber entre les mains des Républicains Français.

au pouvoir des Français, et le reste de l'armée d'Alvinzi fut mis dans une déroute complète. Le lieutenant-général Provera, trois brigadiers généraux, ainsi qu'un grand nombre d'officiers de tout grade, furent faits prisonniers. On remarque dans l'affaire qui eut lieu le 25 nivôse le courage de Duvivier, commandant un escadron du neuvième régiment de dragons. Ce brave militaire, se trouvant en présence de son ennemi, attaqua individuellement le chef d'un escadron d'*Erdody*, se battit quelque temps et le renversa. Bientôt les cavaliers de ces deux chefs se chargent; l'escadron ennemi est vaincu, il perd beaucoup de monde, et le reste trouve son salut dans la fuite.

L'affaire qui dura quatorze jours, et à laquelle on donna le nom d'*affaire d'Arcole*, fut le prélude de la prise de Saint-Georges *, en s'emparant de toute l'artillerie, en faisant la garnison prisonnière, et de l'évacuation de la ville de *Trente* par l'ennemi.

Par la capitulation de Saint-Georges, les deux partis convinrent que le général Wurmser en serait averti : c'était lui dire qu'il ne pouvait tenir longtemps, et que bientôt cette *célèbre Mantoue* (rempart de l'Italie) tomberait au pouvoir des Français. En effet, le 14 pluviôse an 5.ᵉ (2 février 1797), Wurmser, l'un des

---

* Forteresse sous les murs de Mantoue, et qui lui sert de rempart.

anciens et un des meilleurs généraux de l'Allemagne, capitula avec le jeune vainqueur de l'I-
talie (Buonaparte), et à dix heures du soir il
livra Mantoue : la garnison fut prisonnière de
guerre. Wurmser obtint seulement la liberté
de 700 hommes qui l'accompagnèrent en Allemagne avec quelques pièces de canon ; le reste
de la garnison mit bas les armes sur les glacis de
la ville. Buonaparte, après avoir pris Mantoue,
marcha sur Rome ; il fit une proclamation d'un
style énergique : il déclara que les communes où
l'on sonnerait le tocsin, où l'on se leverait contre
les Français, seraient incendiées et les magistrats fusillés : il promit secours, assistance et
protection à ceux qui traiteraient bien le soldat :
il déclara que les prêtres qui abuseraient les personnes crédules seraient punis plus sévèrement
que tout autre particulier ; qu'en un mot, les
troupes du Pape ne devaient plus espérer de
battre une armée qui avait fait en six mois cent
mille prisonniers, pris 400 pièces de canon,
110 drapeaux, et détruit cinq armées à l'Empereur.

Si on examine de près ce que le cabinet de
Vienne a gagné à faire la guerre aux Français,
on ne peut s'empêcher d'admirer ou sa constance
héroïque, ou son entêtement ridicule : on doit
croire que la nation Germanique, aussi fière
qu'ambitieuse, se trouve humiliée d'avoir été
battue partout, d'avoir perdu ses riches poses-

sions de la Belgique et de la Lombardie, d'avoir plusieurs fois été obligée de repasser le Rhin, d'abandonner ce palatinat et ces beaux électorats de *Cologne*, *Trèves* et *Mayence*, (excepté cette dernière ville); d'avoir vu enfin plusieurs princes de l'Allemagne se détacher de la coalition et faire des paix particulières avec les ennemis.

Si on réfléchit que les *Cobourg*, les *Beaulieu*, les *Bender*, les *Wurmser*, et plusieurs autres généraux versés dans l'art de la guerre, et recommandables en Allemagne, ont été vaincus par les *Jourdan*, *Pichegru*, *Moreau*, *Hoche* et *Buonaparte*, tous jeunes gens, desquels l'amour de la patrie a fait des héros : si on pense que les premiers ont vu tomber au pouvoir de ces derniers toute la Hollande et ses places fortes, *Dusseldorff*, *Charleroy* et *Namur*, *Luxembourg*, *Mantoue* ainsi qu'un grand nombre d'autres places citées dans cet ouvrage, on est tenté de croire que la maison d'Autriche doit être humiliée. Jusqu'ici quels sont les avantages qu'elle a remportés sur les Français ? D'avoir, il est vrai, obligé ceux-ci à abandonner une partie de la rive droite du Rhin, d'avoir eu les têtes des ponts de Kell et d'Huningue, (c'est-à-dire, le terrain qui lui appartenait). Mais ne doit-on pas remarquer que les républicains, abandonnant ces postes difficiles à garder à cause du Rhin sur lequel on passait toutes les munitions et tous les vivres sur des bateaux, ponts-volants, etc. se sont retirés glorieusement avec armes et bagages, et n'ont pas laissé un fusil à l'ennemi? Ces têtes de pont ont paru plus redoutables aux Autrichiens, que n'ont été aux Français ces citadelles et forteresses de l'Allemagne, aux pieds desquelles les Autrichiens ont mis bas les armes, abandonné leur artillerie et leurs magasins avant d'être constitués prisonniers de la France.

Mais en terminant cet ouvrage, avec la campagne de l'an 4.ᵉ (1796), jetons un coup-d'œil rapide sur les abus qui sont quelquefois inévitables par les mouvemens que nécessite la guerre; essayons de prouver combien il en existe d'intolérables, et qui sans doute ne sont pas connus du gouvernement.

Les abus et les dilapidations ont une cause premiere. D'abord, l'organisation vicieuse de plusieurs administrations, et la solde des troupes qui, depuis plus de deux ans, s'est réduite à rien par la perte progressive des assignats et mandats avec lesquels on les a payées.

On me répondra peut-être, que sans un papier-monnaie le gouvernement n'aurait pu soutenir quatorze armées qu'il a eues sur pied pour faire face à cette coalition formidable liguée contre la France.

J'avoue que pour vaincre les cours d'*Angleterre*, d'*Allemagne*, de *Prusse*, de *Hollande*, d'*Espagne*, de *Naples*, de *Sardaigne*, d'*Italie*, tous ces électeurs et petits princes du *corps Ger-*

manique , enfin , pour terminer cette malheureuse guerre de la Vendée, il a fallu nécessairement aviser à de grands moyens : mais si à la tête
des armées il y eût eu des hommes vraiment probes
et animés du bonheur de leur patrie , qui eussent
mis à son profit toutes ces réquisitions en nature
et ces contributions énormes en espèces faites
sur les pays conquis , n'auraient-ils pas mis le
gouvernement à portée de payer, nourrir et vêtir
les armées, sans avoir recours à un malheureux
papier-monnaie que le gouvernement mettait en
circulation au cours, et qu'il était obligé de donner à ses braves défenseurs pour valeur nominale ?

Si le gouvernement eût été aussi juste que sévère, aussi bon que rigoureux ; s'il eût récom-
pensé publiquement ceux qui ont mis tous leurs
soins à faire rentrer au profit de la République
les objets qu'ils recevaient pour elle ; s'il eût puni
exemplairement tous ces dilapidateurs , ces con-
cussionnaires, de tel rang et de tel grade qu'ils
fussent ; ho! sans doute, il eût eu de quoi payer
ses armées et les malheureux rentiers de l'état :
alors le fléau de la guerre qui , pendant quelque temps , a été indispensable, loin d'enrichir
quelques fripons , aurait tourné au profit de
toutes les classes de citoyens , aurait fait la gloire
du gouvernement et la prospérité de l'état.

Mais quand l'officier supérieur , jusqu'au
sergent , voient tels généraux s'emparer d'une
vingtaine de chevaux ; sommer les autorités cons-

tituées des pays conquis de leur apporter, dans
le plus bref délai, telle somme... telle quantité
de drap, de toile, cuirs, chemises, etc. etc....
(*toujours pour le profit de la République*), et
qu'ils voient qu'ils ne donnent à cette République
que ce qu'ils ne peuvent emporter : quand ils
savent que souvent toutes ces réquisitions en nature se réduisent à rien, parce que ceux qui sont
chargés du recouvrement ont reçu quelques rou-
leaux de louis qu'ils partagent *honnêtement :*
ces officiers et sous-officiers, dis-je, qui font
réellement la guerre pour alimenter ces sang-
sues *qui ne sortent jamais des quartiers généraux*, cherchent à se tirer d'affaire proportion-
nellement à l'autorité qu'ils ont en main. Que
dit alors le soldat, qui scelle de son sang les
fondements de la liberté ; qui, réduit à manger de mauvais pain, et ne boire que quelquefois un verre d'eau-de-vie ; qui souvent
est rejeté, dédaigné dans ces bureaux qui
n'existent que par son courage et ses bras? que
dit-il ? Il cherche les moyens de sortir des
rangs, de rester en arrière sous tel prétexte
que ce soit : et comme son autorité n'existe que
dans son arme, il se livre à un pillage et à des
excès sans doute inexcusables, mais auxquels il
ne se livrerait pas s'il voyait qu'on punît sévèrement plus grand fripon que lui.

Combien de fois n'a-t-on pas vu l'officier,
n'ayant pour vivre que des assignats ou mandats,

être obligé de fermer les yeux sur la conduite du soldat qui lui rapportait une poule, un quartier de porc, autant de mouton, etc. etc. Quelle autorité pouvait alors avoir l'officier sur celui envers qui il avait de telles obligations?... sur celui avec qui il était obligé de faire sa soupe afin d'exister...

Combien de fois n'a-t-on pas vu les habitants des villes conquises recevoir, au moment de l'entrée des Français, les assignats et mandats, et les refuser le lendemain ? Pourquoi ce changement si subit ? Parce que ceux qui commandaient, à la faveur d'un cadeau, pour être bien nourris et avoir pour eux personnellement tout ce qu'ils desiraient, donnaient tacitement des ordres pour ne recevoir les mandats qu'au cours, tandis que le gouvernement les donnait pour valeur nominale. On ne peut se dissimuler qu'en pareil cas les militaires étaient mécontens. Qu'en résultait-il? des querelles, des rixes entre marchands et militaires. Alors, les marchandises se cachent, les boutiques se ferment, la troupe prend de l'humeur, et promet de piller quand elle en trouvera l'occasion ; ce qui est malheureusement arrivé bien des fois.

Si nous jetons un coup-d'œil sur quelques administrations, nous verrons des entrepreneurs, des agents qui ne rougissent pas de laisser leurs employés dans la plus affreuse misère ; qui font des fortunes immenses aux dépens de l'état, et qui ont l'impudeur de dire à leurs subordon-

nés : *Le gouvernement ne paie pas.* Ne pourrait-
on pas leur répondre : *Quelle était votre fortune
avant la guerre ? Si le gouvernement ne vous
avait pas payés, seriez-vous aujourd'hui millionnaires, hommes injustes !*

Voyez tel agent, tel employé (surtout en chef)
qui, avant la guerre, n'avait rien; qui, pendant
la guerre, n'a reçu qu'un traitement semblable à
celui des militaires; voyez-les aujourd'hui avec de
superbes coursiers, des femmes élégantes et richement mises, ne pouvoir faire un pas sans leur voiture, leur domestique... voyez-les dans des repas
splendides, bals, etc. Comment ont-ils donc acquis
de telles fortunes ?... Voit-on un homme qui a
occupé une place supérieure modestement vêtu ?
on le regarde de côté. Sait-on qu'il a réellement
cherché à faire le bien de son pays? *c'est un sot...*
Prouve-t-il à des hommes en place qu'il a apporté
tous ses soins dans sa gestion, que la chose publique y a gagné? on le regarde d'un air de protection, et d'un petit ton railleur on lui dit : *Vous
avez bien mérité de la patrie.* Ho! souvent celui
qui dit cela, serait très fâché *de bien mériter
de la patrie* au même prix.

La France est au plus haut degré de sa gloire*;
huit grandes puissances se sont armées contre
elle, elle les a vaincues. De malheureux Fran-

---

* Quel monument on aurait élevé dans l'Allemagne au prince
Charles s'il était seulement venu à bout d'entrer en France ! Quel
est celui qu'on élèvera en l'honneur des Français qui ont vaincu
l'Europe ?

çais égarés ont formé une armée de rebelles , une guerre intérieure a éclaté , (la Vendée), le sang humai n'a coulé a grands flots , l'olivier de la paix leur à été présenté , ils ont connu leurs erreurs, ils se sont repentis et ont rentré dans l'ordre. L'or de l'Angleterre répandu avec profusion , tant pour soutenir l'Allemagne *et les émigrés* que pour corrompre les Français, n'a pas empêché les républicains de voler à la victoire et de vaincre ses ennemis. Mais la France, par ses succès aussi constans que remarquables, s'est-elle enrichie ? je ne le crois pas. Je pense bien que quelques milliers d'hommes qui naguère étaient *sans culottes* , sont aujourd'hui millionnaires ; que l'état, et ceux qui ont vaincu une partie de l'Europe, gémissent à l'ombre de leurs rapines : mais ne viendra-t-il pas un temps où les vrais amis réunis diront d'une voix unanime : *Vous n'aviez rien, vous n'étiez rien : vous êtes tout , vous avez tout : rendez à l'état ce que vous avez pris à l'état.*

En attendant que ce moment heureux arrive, puisque la guerre dure encore , invitons tous les amis de l'ordre à publier ce qu'ils ont vu , ce qu'ils savent ; invitons-les au nom de la patrie à bannir de leur âme toute espèce de pussillanimité, et persuadons-les bien que la haine des fripons honore les hommes de probité.

Mais avant de terminer disons un mot sur les conducteurs d'artillerie, que ma place m'a donné

I

occasion de connaître. Qu'on ne croie pas que
je veuille fixer l'attention du public sur des individus; mais, comme les intérêts de la chose
publique ont des rapports avec leur place, je
dois entrer dans quelques détails à ce sujet.

Le gouvernement fait un marché avec des particuliers qui doivent lui fournir le nombre de
chevaux nécessaires au transport des trains de
l'artillerie d'une armée : il fixe le nombre des
employés que l'entrepreneur doit avoir, suivant
la quantité des chevaux qui sont en activité de
service : le choix des hommes et la fixation de la
solde appartiennent à l'entrepreneur.

Le gouvernement nomme des commissaires
des guerres pour faire fournir les vivres aux
hommes et aux chevaux, passer des revues, s'assurer de l'effectif des uns et des autres, et cons-
tater la perte des chevaux, soit qu'ils tombent
au pouvoir de l'ennemi, soit qu'ils meurent de
faim, de fatigue ou de maladie.

Le gouvernement nomme encore des employés
connus sous le nom de *conducteurs d'artillerie*,
qui sont chargés de la conduite des convois, de la
garde des bouches à feu, caissons, poudres, fers
coulés, etc. Ceux-ci ne dépendent point de l'entrepreneur, et n'ont pour chefs que les officiers d'artillerie : ces hommes sont militaires, ils doivent
être tirés du corps des sergents de cette arme pour
occuper ces places. Comme ils sont nommés par
le gouvernement, comme ils ont la garde des

objets appartenants à la République, ils ont la surveillance sur les hommes de l'entrepreneur pour la nourriture et le pansement des chevaux (articles 100. 101. 106. du réglement de campagne de 1792. (v. s.)

Après de telles mesures, on aurait lieu de penser que le charroi de l'artillerie doit marcher sans obstacles et sans inconvénients, Eh bien ! on est dans l'erreur : d'abord établissons le principe des discussions.

Les conducteurs d'artillerie, agents du gouvernement, n'ont pas d'autre dénomination que ceux des entrepreneurs, qui se nomment aussi *conducteurs d'artillerie*. Ils sont confondus ensemble et méconnus de la plupart des autorités constituées qui n'en font pas la différence : cependant les uns sont supérieurs aux autres ; et rien n'est aussi essentiel, surtout aux armées, que le maintien de la hiérarchie militaire. Au contraire, les hommes de l'entrepreneur ne veulent pas être subordonnés aux hommes du gouvernement. Ceux-ci voulant jouir de leur autorité, la poussent quelquefois trop loin ; et à chaque instant les officiers supérieurs de l'artillerie, aux ordres desquels ils sont tous, se trouvent obligés de prononcer sur les querelles qui existent parmi ces employés. D'où vient cependant cette lutte scandaleuse et nuisible au bien du service ? De l'oubli que le gouvernement fait de ses propres agens dans le marché qu'il con-

tracte avec les entrepreneurs. Je pense bien que
le gouvernement ne peut pas entrer dans tous
les détails ; mais bien perfides sont ceux qui abu-
sent de sa confiance pour favoriser les uns, op-
primer les autres, et nuire à la chose publique :
lorsqu'il est trompé, le devoir de tous Français
est de l'éclairer.

Le gouvernement fait un marché avec un entrepreneur ; il nomme des agens pour surveiller
l'exécution de ce marché. Rien n'est plus natu-
rel..... Mais ce qui est surprenant, c'est que les
agents sont nommés, ils ont des instructions pour
surveiller l'équipage, ils reçoivent les ordres des
officiers d'artillerie d'être exacts dans leur surveillance ; et il n'est pas parlé d'eux dans le marché que fait l'entrepreneur avec le gouvernement. Pourquoi ? parceque l'entrepreneur ne
veut point avoir de surveillants......

L'agent du gouvernement trouve-t-il en faute
l'homme de l'entrepreneur, veut-il le réprimar-
der ou le punir ; celui-ci (le marché à la main)
lui répond, *Je ne vous connais pas* ..... Il faut
recourir à l'autorité supérieure qui punit ou ne
punit pas....... Alors l'agent du gouvernement
devient un être nul.

Si dans les convois, où souvent il n'y a pas
d'officiers, il se trouve un homme de l'équipage
qui trafique sur le foin, l'avoine destinés à la
nourriture des chevaux ; si les chevaux restent
sur les routes, si les convois n'arrivent pas à leur

destination, qui est responsable ? le conducteur agent du gouvernement; mais son autorité n'étant pas déterminée par le marché de l'entrepreneur, on ne l'écoute pas: il a beau fulminer, crier; il se trouve réduit à employer la réquisition des chevaux de la campagne pour assurer son service, l'agriculture en souffre et le service éprouve des retards.

Si on voulait prouver efficacement la nécessité des conducteurs d'artillerie, il ne faudrait qu'entrer dans les détails de l'administration des équipages : c'est ce qui doit faire l'objet d'un ouvrage particulier, que je me propose de publier. Mais disons avec une impartialité sévère, que les conducteurs de l'artillerie ayant été constamment oubliés depuis la guerre actuelle, dans toutes les lois, réglements, arrêtés, etc. même pour leur solde, il ne sont pas heureux. Tantôt on leur refuse leur paiement, leurs vivres; tantôt on les renvoie à l'administration des équipages. La plupart des autorités constituées, ignorant leur existence, et méconnaissant la nature de leurs fonctions, ils ont été souvent obligés de solliciter des arrêtés particuliers du gouvernement pour interprèter les lois à leur égard: pendant ce délais, ils souffrent et gémissent à l'ombre des lois.

De l'oubli que l'on fait d'eux, il en résulte qu'ils sont les hommes des officiers d'artillerie, et non les agents du gouvernement; que souvent ils sont livrés aux volontés arbitraires des hommes, et non à celles de la loi.

Un conducteur d'artillerie n'est heureux et ne remplit ses devoirs que quand il a le bonheur de se trouver sous un chef qui est juste et impartial, qui sait apprécier les droits et les devoirs des uns et des autres : mais, quand il se trouve commandé par quelques-uns de ces hommes parvenus depuis la révolution, enorgueillis de leur grade et de leur autorité, qui dédaignent, vexent et oppriment les agents du gouvernement, soit parce qu'ils n'étaient pas militaires avant la révolution, soit parce qu'ils ont plus d'intérêt à capter la bienveillance des hommes de l'équipage ; enfin, lorsque ces conducteurs ont le malheur d'être sous des chefs qui ont sans cesse à la bouche le mot PRISON. (*pauvre ressource pour un chef !*); qui ne rougissent pas d'exiger sur le pays conquis une table d'officiers, et de laisser leurs inférieurs manquer du nécessaire : ho ! alors les querelles sont vives et journalières, le service souffre, et la volonté de ces chefs devient une loi suprême.... Veut-on élever la voix ? bientôt on est *un insubordonné,* puis arrêté, incarcéré, et déclaré *incapable de servir dans les armées de la République* *.

---

* Jugement d'un conseil militaire à l'armée du Rhin, où un individu eût été sacrifié à l'esprit de corps, si un tribunal de révision n'eût pas renvoyé le même jugement à un nouveau conseil, qui a acquitté honorablement l'accusé.

Lorsqu'on veut être impartial, il faut être
vrai: ces sortes de jugements arrivent rarement,
parceque la masse des officiers d'artillerie est
composée d'hommes justes, raisonnables et instruits. (Il est si beau de commander avec bonté,
et d'être obéi avec confiance !)

Quant à moi, si j'ai éprouvé des désagréments par l'injustice de quelques chefs, j'en ai
été bien dédommagé en servant sous les ordres
d'un grand nombre d'hommes respectables dans
l'arme de l'artillerie : je me félicite d'avoir souvent été le témoin de leur douceur dans le commandement, de leur sévérité dans le désordre,
et de leur volonté bien prononcée pour le maintien de la hiérarchie militaire.

J'ai pareillement à me féliciter d'avoir eu sous
mes ordres des hommes de l'équipage, braves,
instruits, pleins de zèle pour leurs devoirs, connaissant bien la nature de leurs fonctions, et
entièrement dévoués à leur état.

Cependant on ne peut se dissimuler qu'il serait
nécessaire au bien du service que le gouverne-
met fixât invariablement les droits et les devoirs
des conducteurs d'artillerie (ses agents), et ceux
des agents de l'entrepreneur des équipages.*.

---

* Tous doivent être aux ordres des officiers commandant l'artillerie ; mais, pour éviter les querelles et la volonté arbitraire
de quelques chefs, il faudrait une loi réglementaire, où les devoirs des uns et des autres seraient prescrits : il faudrait surtout
que la dénomination des conducteurs, agents du gouvernement,

La tâche que je m'étais imposée, de raconter à mes concitoyens avec impartialité ce que j'ai vu aux armées, est remplie. Je ne me suis attaché qu'aux faits, à dire seulement la vérité, à raconter ce que j'ai vu ou su d'une manière positive. Enfin, mon but a été de présenter à mes compatriotes un canevas dans lequel l'histoire pourra puiser des faits et des notes propres à former un ouvrage qui doit être utile à la postérité.

---

fût changée ; et on pense qu'ils devraient être nommés *gardes des trains d'artillerie* de première, deuxième et troisième classe.

LE COMTE.